i

为了人与书的相遇

失业白领的职场漂流

Barbara Ehrenreich

Bait
and
Switch:
The (Futile) Pursuit of the American Dream

[美] 芭芭拉·艾伦瑞克 著　　林淑媛 译

广西师范大学出版社
·桂林·

BAIT AND SWITCH: The (Futile) Pursuit of the American Dream
by Barbara Ehrenreich
Copyright © 2005 by Barbara Ehrenreich
All Rights Reserved.

本书中译本由时报文化出版企业股份有限公司授权

著作权合同登记图字：20-2021-230

图书在版编目(CIP)数据

失业白领的职场漂流 / (美) 芭芭拉·艾伦瑞克著；
林淑媛译. —— 桂林：广西师范大学出版社, 2021.9（2022.1重印）
ISBN 978-7-5598-2034-1

Ⅰ.①失… Ⅱ.①芭… ②林… Ⅲ.①中等资产阶级
– 失业 – 研究 Ⅳ.①F241.4
中国版本图书馆CIP数据核字(2020)第110196号

广西师范大学出版社出版发行

　　广西桂林市五里店路9号　邮政编码：541004
　　网址：www.bbtpress.com

出 版 人：黄轩庄
全国新华书店经销
发行热线：010-64284815
山东韵杰文化科技有限公司　印刷

开本：880mm×1230mm　1/32
印张：8　字数：140千字
2021年9月第1版　2022年1月第2次印刷
定价：49.00元
如发现印装质量问题，影响阅读，请与出版社发行部门联系调换。

推荐序

失业，是因为我们不够努力吗？

严飞

　　今天，中年人的职场危机已经愈发成为社会重视的问题。原本以为打拼奋斗了多年的职场，是我们居住在大城市中收入和安全感的来源。可是不曾想到，上班的时候突然有一天就被公司劝退，当离开了自己熟悉的岗位，似乎又难以再度找寻到新的轨道。一瞬间，房贷、老人、二孩、伴侣的压力纷至沓来，沉重无比。深处人生的低潮，要如何才可以面对和解决？或许你可以在这本书中找到一些答案。

　　这本书的作者芭芭拉·艾伦瑞克（Barbara Ehrenreich），是一位视角尖锐、行文泼辣的美国调查记者和作家。她的尖锐和泼辣，来源于她对于社会群像细致而入微的观察，以及第一手的在场式写作。在她上一部作品《我在底层的生活》（*Nickel and Dimed: On (Not) Getting by in America*）中，为了揭示美国蓝领阶层（working poor）的生活真貌，芭芭拉刻意隐藏自己的身份和地位，去应征服务员、清洁女工、看护、收银员等职位，以借此观察、体验美国底层低薪人士是如何挣扎求生。

而在这本书中，芭芭拉再一次卧底，将自己化身为一位失业的白领，记录了自己一年中各种努力试图找到一份享有中产阶级薪水与福利的工作，却惨遭失败的经历。借由这段亲身的体验，芭芭拉带领我们探究了美国白领阶层向下流动的真实情况。

这本书的英文版初版于 2006 年，出版之后，旋即登上了《纽约时报》畅销书排行榜。尽管此次中文版的出版，距离作者的调研写作时间已过去十多年，这期间世界经历了金融危机的考验，国际政坛发生了翻天覆地的变化，经济增长和结构也产生了新的方向，但作者在书中提到的诸多问题，比如，年龄歧视、工时过长、失业白领再就业的困境等等，依然存在于今天的社会之中，特别是我们每天工作的职场上。

在书中，芭芭拉呈现了一幕幕无奈而又残酷的现实问题：很多四五十岁的中年人，曾经在企业里担任中层职位的白领，勤勤恳恳地为公司奉献精力、终日加班、随时待命、全力以赴、身心负荷达到极限……即使是这样的节奏也并不能让白领换来一份稳定的工作，不得不接受再就业困难所带来的生活质量下行。他们原来还拿着一年六位数的工资，一旦失业，只能再领取几个月的失业补助，然后就得依靠自己的积蓄再支撑一年半载——这期间，车贷、房贷、子女的学费还需照样支付。但如果在这段缓冲期中，仍然没有办法找到一份工作可以爬回到原来的高度，家庭生活的各方面就会陷入窘境。比如，医疗保险无着落，失业者不得不自己支付比较高昂的保险。另外，现在的就业市场对职业履历中的空隙十分无情，失业的时间越久，在就业市场的竞争中就越处于劣势。

综合各种因素，芭芭拉发现工作难找并不能简单地归因为自己不够努力。在这一年的求职历程中，她可谓运用了一切可以想到的办法，包括花费了 6000 美金聘用专业的职业教练（career coach），参加求职魔鬼训练营、就业博览会以及各种社交课程，以期从头到尾地改变自己，却始终没能找到一份理想且适合的工作。那么，阻碍白领阶层求职成功的因素真正在哪里呢？

对此，作者做了回顾和反思。其中一个对求职者非常不利，却无法改变的因素，就是年龄。"假如年过 40 岁，雇主会认为你不再用大脑思考了。过了 50 岁，他们就认为你已经油尽灯枯了。"作者在书中犀利地引用了一位华尔街雇主的原话。

的确，对于年龄的歧视已经成为求职劲敌之一。年龄越大，就意味着经验越丰富、资历越深，所期望的薪资水平也就越高，而同时可以转型到新的部门岗位、拓展新领域的可能性也相应降低。现在很多企业宁可选择便宜的价格进行外包，也不愿意雇佣有经验的中高龄正式员工，因为后者往往需要付出更高的工资。

而在中国，这个年龄界限甚至可能还要更早一点。很多35 周岁以上的人就已经感受到了严重的职场危机。之前有一则某知名科技公司的程序员被劝退后跳楼的新闻，一时间就引发大众的热议。为什么当在学识、经验值、体力、决策力、心态等各方面都来到一个比较成熟、稳定的阶段的时候，却是在职场上受到歧视、冷落、甚至抛弃的开始？是我们的社会心态出现了问题？还是行业定位、发展的某个环节出现了问题？当有技能和经验的专业人士屡屡不能被人尽其才的时候，那就表示一定是哪里出现了问题，已经重新解构了我们的社会和传统价值观。

另一方面，芭芭拉发现，除了医生、律师、大学教授等有专业组织作后盾，或是那些有执照和受到认证的职业，大多数白领的岗位，比如管理、销售、公关，因为缺乏一套透明化的评价机制来评鉴他们的工作表现，所以也不能保护他们免于任意开除的命运。最残酷的是，在职业道路上的成败与否似乎和个人的成就并没有太大关系。比如，有些失业者是在整体经济下行的背景中，大幅裁员后的无辜受害者，有些则明明正处于职业生涯的上升期却突然遭遇解雇。不得不接受的现实是，能够提供终身职位给白领阶层员工的职业，已经是上个世代的事情了。即使白领对于"C 字辈高级管理人办公室"*的人表达完全的忠诚，也并不能够得到可靠的回报。

对于企业的发展策略，芭芭拉也是毫不留情面地指出，有些企业为了在市场上立于不败之地、追求利润最大化，将员工看作巨大机器上的零配件，把人性和道德观念丢弃在一边。会有人因为道德观和公司所追求的巨大利益不符，被迫丢掉工作。甚至还会被人反问："你的价值观会比你的薪水值钱吗？"的确，

---

* 指 CEO、COO、CFO 等高级管理人。——编者注

在消费主义时代，不乏信仰金钱就是上帝的人。很多企业正是带着这样对于金钱的极度崇拜，将利润至上当作企业发展的最高标准。

德国著名的社会学家和哲学家齐美尔有句名言，"金钱只是通向最终价值的桥梁，而人是无法栖居在桥梁之上的"。在齐美尔看来，"金钱是我们时代的上帝"的说法绝非比喻。早在100多年前，他就下过这样的论调：金钱超越了所有具体事物，显得可以调解一切生活矛盾。人们相信金钱万能，如同信赖上帝全能。齐美尔曾经在《现代文化中的金钱》一文中指出，"通过金钱可以获得的对象范围大大增长，这使金钱获得了中心的地位，它将光芒照射到现代生活的许多具体特征中。金钱使个体完全满足自己愿望的机会近在咫尺，更加充满诱惑。……金钱在人和他的愿望之间插入一个中介阶段，一种缓和机制。凭借金钱这种手段可以获得数不胜数的其他东西，就使人们产生了这样的幻想，好像我们比以往更容易获取所有这些东西。"这样的幻想让很多企业完全被金钱关系所主导，改变了企业与雇员之间的相互依赖与关联。过去，企业把员工视为可培养与发展的长期资产，而现在则更多的是把员工视为应当缩减的短期开销。一些企业对雇员则不带情感，认为员工不过是种"东西"，是生产方式中的一个变量，当盈亏数字不如所愿时，是可以丢弃的"东西"，而完全忽视了对于人性潜能的尊重。

经济学中有一个"理性人假设"，它来源于古典经济学的鼻祖亚当·斯密有关经济人的论述：人类的行为都是理性和利己的，都在追求个人利益的最大化。通过追逐个人利益来增进社会利益，实现社会的平衡。整个经济学的大厦就建立在这样的假设基础之上。对此，芭芭拉直言不讳地指出，对于企业来说，有两种合法的赚钱途径：增加销售或削减开支。很多CEO在经济的考量下选择了裁员，"人事精简"可能多少都成为取悦股东的例行常规，高级管理阶层可能通过削减他人的工作机会，来提升自己的薪水。另外，过去几年来，外包让CEO们获得了最大的报酬：服务型工作外包最多的50家美国公司，薪资增加的速度比其他没有外包的公司快了5倍。这无疑是企业追求极致效率的产物。

所以在这样的大背景之下，失业白领重返岗位之路变得愈加举步维艰。为了支撑家庭，有时候只能先找一份兼职工作，赚取最基本的生活费以坚持生活下去。芭芭拉在书中就举例，她认识的一位有着两个孩子的非裔单亲妈妈，曾经是一位受人尊敬的老师，但是当离婚之后搬迁到新的州居住，在原州考取的教师资格证书就不再有效，迫不得已只能寻找一份新的工作。在长达8年的求职过程中，这位单亲妈妈做过电力公司的卡车司机、打印店职员、瓷砖和地板安装工等等多份低薪、卑微的工作。她甚至沮丧地认命，觉得自己已经几乎不再有可能找到一份曾经的全职教师工作。还有，一位由程序员失业转为巴士司机的中年男子，当一天工作10到14个小时下来，实在很难继续再去寻找新的工作，每天所剩的时间和精力只够啃一口汉堡而已。

其实，这样的事情并不是只有在美国发生。随着中国经济结构的快速转型和行业变革，很多企业在大浪淘沙中黯然退场。论及个人，职场压力、行业竞争与日俱增，也让很多人遭遇了上述非裔单亲妈妈和程序员相似的无奈境遇。我曾经就遇到过一位专车司机，原本是一家国企的中层技术骨干，没想因为企业效益不佳，被迫离开工作了20多年的岗位，重新求职。然而，年龄、技能、创新能力等等因素都让他再就业的道路比想象中要困难许多。迫于生计，他只能先开专车，一天行驶在路上10多个小时。他告诉我，上有老下有小，总是要先维持生计，他打算一边开专车一边再寻找长期工作的机会。

事实上，失业的时间越久，找到合适的工作机会就越小。那些像服务生、销售助理、巴士司机之类的工作，即使可以填补简历的空窗期，但并不是什么吸引人的记录。一旦掉进低薪、谋生工作的陷阱里，那么长期滞留在"过渡地带"的概率就会很大，求生的挣扎已经让这些失业人员顾不上自我技能的提升。长此以往，只是机械麻木和日复一日地上工、放工，倒头即睡。在阅读这一段阐述之前，你可能和我一样，非常不理解他们，为何不去努力找一份体面的工作呢？当读完芭芭拉的调查和苦口婆心的解释之后，就会明白他们并不是主动选择向下流动的生活，而是被动地陷入生活的泥沼中，没有能力爬出来。

这本书英文原版的副标题是：*The (Futile) Pursuit of the American Dream*，对美国梦的（无效）追求。首先，我们要了解美国梦究竟意味着什么？在作者接触的这些积极找寻工作的白领们心中，美国梦是寄希望于通过努力工作来获得安逸的物质生活作为报偿。长期以来，无论在影视作品还是现实生活中，美国梦给了普通民众一个"机会平等"的美好期许——不论肤色、出身、阶级，只要你愿意努力，就一定会实现人生的飞跃和成功。然而事实上，现今即使是受过良好教育的中产阶级，多数人的工资也根本不能和付出的辛勤劳动成正比。可以说，这些年来，美国梦正在逐渐衰落中。社会的贫富差距愈发扩大，阶级壁垒日益森严，社会分化也愈加严重。主要表现在，跨阶级的婚姻越来越少。孩子努力的天花板是父母的阶层，奋斗可能并不会改变阶层的流动。因此，这些大环境的变化也深刻影响着每个人的职业选择和前景。

对于美国梦的向往与追求，最后得到的却是一场辛酸的苦痛，这更像是对于现实世界的一种反讽。从"失业白领"这个话题打开，我们跟着芭芭拉的脚步一起去探寻求职者的梦想与挣扎，就会发现结构性的社会不平等所导致的求职困境，美国梦已碎。"如果有任何人能够为美国梦的消失做可靠见证的话，那就是失业白领。"随着美国去工业化的脚步加速，实体经济逐步让位于占据优势的金融业和服务业时，越来越多人难以真正享受到经济成果所带来的利好。当传统行业被挑战，失业潮来袭，更多人无法充分就业，只能过着顺流而下的生活，甚至沦落到衰败的地步。失业者要想改变这一切，从孤独的绝望中离开，需要的不仅仅是正视现实的心理，还有破除诸多无形社会壁垒的勇气。

目 录

推荐序　失业，是因为我们不够努力吗？／严飞　　　　　　　　i

序　章　　　　　　　　　　　　　　　　　　　　　　　　001

第 1 章　绿野寻师踪　　　　　　　　　　　　　　　　　013

第 2 章　踏进关系网络的世界　　　　　　　　　　　　039

第 3 章　训练营余生　　　　　　　　　　　　　　　　063

第 4 章　改头换面　　　　　　　　　　　　　　　　　093

第 5 章　和上帝攀关系　　　　　　　　　　　　　　　119

第 6 章　胸怀远志　　　　　　　　　　　　　　　　　147

第 7 章　"工作"上门了　　　　　　　　　　　　　　171

第 8 章　向下流动　　　　　　　　　　　　　　　　　189

结　语　　　　　　　　　　　　　　　　　　　　　　　209

致　谢　　　　　　　　　　　　　　　　　　　　　　　233

注　释　　　　　　　　　　　　　　　　　　　　　　　235

序 章

Introduction

　　我写过许多关于贫穷的题材，因此很习惯听到人们在恐慌状况下发生的事，像是房东下逐客令、小孩生重病医疗保险却到期了、车子坏了没办法上班，等等。这些突发状况就像家常便饭，折磨着长年贫困的人们。但大约从 2002 年开始，我突然发现许多艰辛的故事，都发生在曾经状况不错的中产阶级身上——有大学学历，过去任职中层职位的白领。某位来自相似背景的作家指责我，认为我过去忽视了像她一样努力工作、正直守德的人：

　　　　试着去研究一下像我这种高中时没怀孕生子、成绩好、工作努力、不拍马屁的人，不但得不到升迁与合理的薪资，还沦落到为时薪 7 美元的工作折腰，助学贷款总是不断延期归还，赖在父母家里，而且欠了可能一辈子都还不清的债。

白领阶层向下流动的情况与蓝领阶层的经济困境，两者不能轻率地等同视之。传统上，冷漠的人们会将蓝领阶层的处境归咎于"不明智的抉择"，例如大学没毕业、经济不稳定就生小孩，或是当初怎么没选个有钱的家庭投胎。然而，我们不能用"不负责任"这种字眼指责这些不幸的白领，他们"什么事都做对了"：拿到高学历，往往放弃了年少时对哲学或音乐的热情，选择忍受管理或金融这种枯燥却实用的主修科目。在某些个案中，他们属于高成就者，之所以碰壁是因为薪水已经高到成为裁员的诱因。换句话说，他们是典型"诱导转向"（bait and switch）*游戏里的输家。当人们对蓝领阶层的贫穷已经麻木不仁、见怪不怪，白领阶层的失业问题（以及经常随之而来的贫穷问题），对怀抱美国梦的人来说，是突如其来的棒喝。

我发现自己对于企业界的中高层所知甚少，因为至今我与企业界的接触，几乎只限于薪资低、层级也低的人士。在我前一本书《我在底层的生活》（*Nickel and Dimed: On [Not] Getting by in America*）的访查过程中，我曾是他们当中的一分子——连锁餐厅的服务生、清洁工、沃尔玛超市的"助理"。和其他人一样，我也曾经以消费者的身份接触过企业界，和职务层级相

---

* 以低价商品引诱顾客上门，实际上是要兜售高价同类商品的诱售法。——编者注

当低的人（店员、客服、电话销售员）打过交道。至于决策层（也就是副总裁、客户主任和地区经理之类的），我只在飞机上见过这些人，研读有关"领导力"的书，在笔记本电脑上玩玩电子表格，或是看某某企业之父的传记看到睡着——[1]我和未来的企业人比较熟，造访大学校园时遇到过很多——"商学"仍是校园里最热门的主修科目，只因它被众人视为最稳定也最赚钱的学科。

不过，白领阶层陷入困境（假如还算不上"悲惨"）的征兆近年开始不断出现。首先，从 2001 年经济衰退以来，学历高、资历深的工作者失业率持续攀升。2003 年底，当我开始进行这本书的写作计划时，失业率达 5.9% 左右；但和较早的经济衰退相比，这回的失业人口中有极大比例（将近 20%，或大约 160 万人）是白领阶层的专业人士。[2] 先前经济衰退最受打击的是蓝领阶层；这一次，博得媒体同情的是属于精英族群的专业人士、技术人员和管理人员。2003 年 4 月，《纽约时报杂志》（*The New York Times Magazine*）的一则封面故事引发热烈讨论：一位过去年薪 30 万美元的计算机行业管理人，在失业两年后竟到 Gap 当导购。[3] 从 2000 年起整整四年，类似的故事时有所闻，像是企业巨子或中层员工的身价大跌，遭到公司单职，被迫到星巴克卖咖啡。

现在，白领工作的不稳定性不再像是商业周期的某个函数——股市一跌便升，一涨就落[4]，也不只局限于剧烈震荡的通

序章 | 003

信行业或科技行业，或美国少数像"铁锈地带"（Rust Belt）*、硅谷这样的区域。经济也许上扬，公司或许赚大钱，但裁员仍旧持续着，就像违反自然选择的反常现象，不论平庸之徒或是有能力、有成就的人，一概被淘汰。从 1990 年代中期以来，这种不断筛选的过程已经被"人事精简""适当扩缩规模""智能扩缩规模""架构重整"以及"组织扁平化"等修辞制度化了——而现在又加上一项：把白领工作外包给国外的廉价劳动力市场。

21 世纪初，商业畅销书《谁动了我的奶酪》（*Who Moved My Cheese?*）中的隐喻："奶酪"——意指稳定、报酬优渥的工作——的确已经被搬走了。2004 年，一项针对管理人的调查显示：95% 的人预期，不论是否出于自愿，都会离开现有职务；68% 的人则担心无预警解雇或失业。[5]换句话说，人们尚未失业就已经感受到失业的焦虑与绝望。

白领困境的第二个现象可称为"过度就业"（overemployment）。我从资料中得知，现今的中高层企业管理人与专业人士，和必须做两份工作才能生存的低收入者一样，常常面对工时过长的问题。著有《工作过度的美国人》（*The Overworked American*）的经济学家朱丽叶·斯尔（Juliet Schor）与《白领血汗工厂》（*White Collar Sweatshop*）作者、同时也是商业记者的吉尔·弗雷泽（Jill Fraser），都对白领员工压力过大的处境有诸多描述：白天办公时间长达 10 至 12 小时，晚上在家又继续用笔记本电

---

* 指从前工业繁盛、今已衰落的地区。——编者注

脑工作，节假日也得用手机与公司保持联系。弗雷泽指出："以华尔街为例，管理者指示新进人员在办公室多放一套衣物与牙刷，遇到彻夜加班，连回家睡一下也不行时，可以派上用场。"[6]她也引述了一位英特尔（Intel）员工的话：

> 倘若你选择以家为重，你的绩效就会垫底。我宁愿无止境地工作，周末上班，天涯海角到处出差。我没什么爱好，对户外活动也不感兴趣。如果我没公事可忙，我就什么都不是。[7]

很明显，过去被我忽略的白领群体有了大麻烦。以前我认为他们生活优渥，又有影响力，不值得我关注，现在却发现他们正在遭遇不为人知的困境，于是我决定加以调查。我选择了《我在底层的生活》所用的写作策略：隐瞒记者身份，实地下海，以第一手的经验来探查问题。人们是否被迫失业？如何才能找到新工作？此外，如果情况糟糕得像某些报道所说，为何抗议的声音寥寥无几？

我的计划再直截了当不过：找份工作，一份"好"工作。我对白领工作的定义是，至少要有健康保险和大约 5 万美元的年薪，才称得上是标准的中产阶级。这份工作会是相当难得的亲身体验，让我能一窥企业界的中间阶层，而努力求职的过程自然可以让我置身于最窘迫的白领工作者之中——也就是失业的人。

我想尽可能以匿名的方式进行这件事，因此必须摒除某些领域，像是高等教育机构、杂志、报纸和出版业，以及非营利组织。以上任何一行，我都有被认出的风险，比起一般的求职者，有可能会受到不同的待遇（希望是比较友善的待遇）。但这些限制并未大幅缩小求职的领域，因为多数白领专业人士都在企业界其他的营利机构——从银行业到服务业，从制药业到金融业。

　　决定踏入企业界，而且还是这么不熟悉的领域，让我必须放弃或至少暂时搁下一些根深蒂固的态度与观念，包括我一直以来对美国企业界与企业领导者的批评。1970年代，当我还是名未经世故的调查记者时，就狠狠地批判过主宰卫生保健系统的企业：制药公司、医院体系、保险公司。接着，1980年代时，我的注意力转移到蓝领与女性工作者的待遇，把美国棘手的贫穷门槛（根据联邦政府的统计是12.5%，根据较新的统计则是25%），归咎于一般工作者长期以来受到的低薪待遇。过去几年，一波波的金融丑闻*，都被我视为企业界日渐腐败的证据，这是典型的内部掠夺，并罔顾员工、消费者甚至股东的权益。

　　但为了达成计划目标，这些批评必须先摆在一旁，或尽可能抛在脑后。不管喜不喜欢，公司都是主宰全球经济的单位，也是我们日常生活所倚赖的经营组织。我一边用IBM笔记本

---

* 从本书写作期间的安然事件（Enron）到南方保健（Health South）和霍林格国际（Hollinger International）。——编者注

电脑写作，一边啜饮立顿（Lipton）茶包泡出来的茶，还穿着Gap的衣服——全是大公司或其相关产品。是公司让飞机起飞（虽然不一定准时）、供应食物（而且不断增加），以及"使人大致上美梦成真"。我一直都是企业界的局外人，经常尖酸刻薄地批评，但我现在却想跨进这个圈子。

我知道，这不全然是一次公正的就业市场检验，只因我这名求职者有一些起跑线上的劣势。第一，我是已经上了年纪的中年人，而年龄歧视正是企业界众所周知的问题，即便才40岁出头也一样，所以在这方面我肯定很吃亏。话虽如此，这点短处绝不是只有我才有的问题，从丧失生活凭借的主妇，到被裁员的管理层，很多人发现自己已到达曾被视为可以悠闲退休的年纪，却还在找工作。

而且，我还有一点吃亏的地方，就是我从未在任何公司做过白领的工作。我曾在纽约市预算局（New York City Bureau of the Budget）的公共部门做过一份专业的办公室工作，大约历时7个月。工作内容都是开会、摘录报告重点和撰写备忘录等典型的白领事务，但那已是好久之前的事了。现在我想要跨入的企业界，任何事情对我来说都是崭新的：绩效标准、评估方法、沟通语言甚至是沟通模式。不过，我学什么都快，在新闻界就得这样，我希望能靠这点顺利过关。

第一，我需要弄个新的身份和相关的个人经历，也就是一份简历。换身份比想象中容易多了，例如去一趟洛杉矶的阿尔瓦拉多街（Alavarado）和第七街口，就会有人凑过来低语："身份证，身份证。"但我最后还是决定走合法途径，因为我想在工作机会上门时，将所有文件都万无一失地齐备。我担心我现在的名字可能会被人认出来（听起来或许有点自我感觉良好），至少用 Google 查询时，会出现一大票令人尴尬的搜索结果。因此，我在 2003 年 11 月合法地改回婚前的姓名芭芭拉·亚历山大（Barbara Alexander），同时也申请了一张新的社会安全卡。

至于个人简历，虽然得作假，我还是希望尽可能清楚表达自己真正具备的技能，我坚信这对我要去工作的公司会有帮助。我是一名作家，发表过几篇文章和大约 12 本非虚构类书籍（包含合著）。"写作"在企业界，大致可以翻译为公关或"传播"。许多传播学院也教授公关课程，这还算合理，虽然公关是新闻的邪恶化身——新闻追求真相，公关则遮掩事实，甚至塑造假象。倘若你的雇主是一家制药公司，声称研发的新药可治疗癌症及性功能障碍，你的工作将是推销，而不是调查这些声明是否确实。

这点我做得到，反正也只是暂时性的，我甚至还做过许多公关人员的例行工作：我写过新闻通稿，为编辑和记者供稿，准备过新闻档案，以及协助安排新闻发布会。身为作家，我也曾和出版社的营销人员密切合作，总觉得他们很有才智，而且各方面都和我很合得来。

多年来我也活跃于各种活动，这种经历对愿意雇用我的公司也算是有价值的。我组织过会议，也当过主持人；我在许多不同的团体服务过，且经常担任领导者；无论是冗长的演说还是座谈会简报，我在大庭广众下都能侃侃而谈——这些都可算是"领导力"，对任何公司都应该是宝贵的资产。至少，我可以说自己是一名"活动策划"，有能力把大型集会分成座谈会和分组讨论，安排媒体报道，以及策划后续活动。

即使只是粗略的草稿，准备这份简历也花了我好几天的时间。我得先安排好愿意为我圆谎的人，一旦他们接到潜在雇主的电话，可以证实我的优异表现。很幸运地，我有一些乐意帮忙的朋友，有些人还在知名的公司上班。虽然我确实不敢声称曾在这些公司任职，因为只要一通电话打到人事部门，谎言立刻就会被拆穿，但我觉得可以安心地假装自己多年来曾为他们"提供咨询"。就当作我替芭芭拉·亚历山大准备一份公关资历的范本好了，里面点缀一些小型的活动策划，而打造这份新简历所需的掩饰功夫，更可为我日后担任公关人员可能遇到的道德挑战，预先做好心理准备。

然而，我并没有装腔作势地美化这个新身份。我不是演员，而且就算想装也装不出来。"芭芭拉·亚历山大"只是芭芭拉·艾伦瑞克的掩护而已；她的举止不论好坏，就是我自己。事实上，从比较实际的角度来看，我只不过是把职业从"自由职业／作家"改成"失业"——一般人可能看不出其中的差别。多数时间我还是会继续在家用电脑查资料及写文章，只不过现在是在研究及联系可能雇用我的公司。新名字和假简历只是一张门票，让我得以跻身美国白领失业人口的行列，追寻一份薪资尚可的工作。

这项计划需要稍稍组织一下，由于即将步入未知的领域，我需要为自己建构一些行事方针。我的第一项规则是，尽我所能地找到工作，也就是说，对于任何形式的协助都要保持开放的态度，像是利用任何可为求职者提供指引的书籍、网站和行业。只要是该做的，我都会努力按表操课。我不太清楚什么样的努力是求职成功的必要条件，只知道我得尽可能谦卑勤奋、竭尽所能。

第二，我要做好因工作或面试而四处奔波的准备，并告知潜在雇主我能接受任何工作地点。计划期间，我住在弗吉尼亚州的夏洛茨维尔市（Charlottesville），但我已准备好要到全美任何地方工作，只要真的找到，便会在当地住上好几个月。我也不挑行业——不管是单调乏味的或抵触道德的都行，但我有可能被认出来的除外。

我的第三项规则是，我要接受符合我对薪水和福利要求的第一份工作，不论那是什么。

我知道这项计划得投入相当多的时间与金钱，为此我准备用 10 个月的时间和 5000 美元，支应求职过程中可能产生的旅费及其他花费。我期望一旦找到工作，就能连本带利回收，或许还能多赚一点。至于找工作所需的时间，5 个月是 2004 年失业人口平均的失业时间[8]，我预估大约要花上 4 到 6 个月的时间，然后再花 3 到 4 个月工作。我会有充裕的时间品尝失业白领的生活，也可以对他们想再回去的企业界进行探索。

从一开始，我就想象着一幅"企业界"的抽象画，就像山丘上的一座城堡——层层防护，关卡重重，玻璃围墙在高处闪烁着诱人的光芒。我知道单单要来到门口就是一段漫长艰辛的攀爬，但遥远巍峨之地我也曾去过——例如大学和研究所。我有耐心也很狡黠，有毅力也有决心，而且我也相信自己做得到。

事实上，照我的盘算，这项计划似乎没有我想要的挑战性。作为一名卧底的记者，我当然与白领职场中的恐怖现实绝缘，因为我还拥有收入与自尊。和我一起求职的人，则大多是被裁员或被开除，而非自愿落到这种境地。对他们而言，失业即是坠入痛苦的深渊。他们的收入崩盘，只剩失业保险救济金，自信也跌落谷底。关于失业所造成的心理伤害已有广泛的报道——容易突然沮丧、离婚、滥用药物，甚至自杀[9]，不过这样的不幸不会发生在我这名卧底白领身上——我不会突然一贫如洗，也不会真正受到被拒绝的伤害。

我也预期这项计划不如我在《我在底层的生活》经历的工作那么苛刻，就体力上来说，实在很容易——不用刷洗，不用提重物，不用连续几小时东奔西跑。至于行为举止，我想象自己不用像低薪的蓝领工人那样，随时随地都要卑躬屈膝与顺从，我可以自由地做我自己，并表达自己的意见。结果，我大错特错。

第 **1** 章

绿野寻师踪

Finding a Coach in the Land of Oz

从哪里开始呢？12月某个阴沉沉的下午，我在电脑前展开求职的首次出击，这个经验无疑是令人畏怯的。这些日子以来，我快速浏览相关网站，已经有了一些心得：你不能只阅读招聘广告、提交简历，然后就被动地等着电话通知。求职即便不算是一门科学，也已成为一种技术，复杂到没有任何求职者可以期望只身一人就闯关成功。互联网上提供了五花八门的网站，让你可以投递简历，期望潜在的雇主能够注意到。另外，你也可以在网上直接应聘上千家公司。但你的简历够亮眼？或者，去参加无数较容易达到人际接触的"社交活动"，尝试面对面交流，会不会比较好？

很幸运地，大约有1万名所谓的"职业教练"（career coach）热切地想要协助我。根据求职辅导网站的说法，职业教练可帮助你觉察真正的职业"热情"，改装你的简历，并且扶持你走过艰辛的求职之路。这些教练的人数每三年就增加一倍，他们是从1990年代中期才开始成长的"转型产业"的核心，这或许是因应白领失业状况的必然现象吧！[1]跟蓝领不一样，失业白领比较有本钱投资在求职上；此外，职场上的重挫往往使他们孤单又沮丧——换言之，这对任何能提供成功、恢复自尊的服务业来说，都是个完美的市场。有些教练受过正式训练，像是"职业辅导学院"（Career Coach Academy）的15周课程班；有的教练则完全是自吹自擂。你不需任何证明即可自称教练，也没有任何管理机构在旁监管——也就是说，对求职者而言，一切全凭运气了。[2]

我在网上找到莫顿（Morton），他登记的身份是本地的职业教练，然而我很快就知道，多数教练都是以电话联系，所以根本没必要找邻近地区的人。直觉告诉我莫顿有过切身的经历，他给我的背景资料显示他曾做过国防相关的高阶工作，其中包括有点过时的"高级情报分析师暨分处主任，负责分析苏联军事研究"。他曾在卡内基梅隆大学（Carnegie Mellon University）开过研讨会，且常在同济会（Kiwanis）与扶轮社（Rotary）演讲。他一定能够指导我转型，使我成为理想中具市场性的中层专业工作者。此外，他向我保证，我们的首次辅导体验不必付费。

在巴瑞克路商场（Barracks Road Mall）的星巴克里，我很快就认出他了；照约定，他戴着JMU的棒球帽，这个约定暗号促使我穿着发皱的灰色休闲裤和运动鞋赴约，上半身则好一点——黑色套头毛衣、花呢休闲外套、珍珠耳环，我希望这样能称得上是"商务休闲"。我平日到商场的路线因施工封锁，所以迟到了5分钟，心慌之下，我在握手时有些结巴地说出我的新名字，不过他似乎没注意到。事实上，他好像不怎么注意这些自我介绍，也或许他已经对我感到失望了。

我们交换了圣诞节前在商场停车的感想之后，我把我的状况告诉他：我从事公关与活动策划，但一直都是自由工作者，现在想找一个稳定的公司职位，有固定收入和福利，工作地点不限。要怎么介绍自己？从哪里开始？我拿出周末完成的简历，滑过桌面递给他。我设想在最坏的情况下，他会拿起简历，盘问我简历上的问题；而他抓着简历的样子，让我在偶尔瞄到他时，脑中一片空白。然而对于这份装订好的简历，他的热情恐怕只比面对一只桌面上朝他手臂飞来的苍蝇，多了一点点罢了。也许他不用读就知道，这份格式凌乱、缺乏重点的简历（就我现在了解的程度来看），根本不值得一位认真的教练的注意。

他从公文包里拿出一样东西——一张信纸尺寸的投影片，下面很细心地垫了一张白纸，使我可以读出上面的字："核心能力与技能"。照他的说法这代表"四能"："创新激励""人事管理""沟通""自我管理"。这一定是我需要的——介绍塑造企业精神、简洁而有条理的概念。我飞快地抄笔记，但他向我保证会留一份副本给我，所以我就放松地专注在内容上。

下一张投影片有一幅马车比赛的选手及赛马的图片，还有文字说明：

清晰的心智，熟练的驾驭者。

强固的精神，强壮的赛马。

强壮的身体，强固的马车。

心智、身体、精神合而为一……

胜利之路历历在望。

这语法有点让人困扰，尤其都是片段式的词语，给人一种外国人说英语的感觉。但假如现代的管理者能够从佛教或成吉思汗推导出管理原则——就像书店的商业书区所呈现的——他们当然也可以想象自己是马车比赛的选手。莫顿告诉我，赛马、选手和马车分别象征头脑、心与胆，但我忘了哪个是哪个了。这可比我预期的难多了，"四能"已经逐渐从我脑海中溢散，"创新激励"应该很明显地象征头脑吧，还是胆？

轮到下一张投影片，情况开始变得很可笑。它的标题是"三大智能中心"，上面画了《绿野仙踪》(The Wizard of Oz)里的人物：稻草人，代表"心智"；锡人，代表"感情"；还有狮子，代表"直觉"。莫顿解释说，当他教授"灵性与商业"这门课时，都用布偶当道具。这是他太太的主意，她说："你一定要用布偶！"然后她替他找来那些布偶。我假装对《绿野仙踪》不太熟，于是莫顿离题扯到锡人的故事背景，试着回忆他的硬"壳"是怎么来的。我很庆幸他没有把布偶带来，因为星巴克的人越来越多，我不想让人以为我正在接受某种独特的布偶治疗。

当我还在努力地把锡人同感情以及其他东西连结起来时，

我们已经从《绿野仙踪》转移到九型人格（Enneagram）上了，投影片上写着定义：

· 一种对性格类别的描述

· 基于个人激励的古老知识

· 图表容易学习与应用

· 提供线索，走向平衡

图片是几个互相联结的三角形被一个圆形圈住。我感到一阵昏眩，不是因为早餐补充的血糖已经消耗完，而是我想不出任何问题，来弄清楚我面前这个越来越复杂的概念。九型人格以某种方式导出了"九种类型"，同时也代表"九种基本欲望或热情"。莫顿可能感觉到我的困惑，他告诉我，在他的课程中，要花相当久的时间才能理解九型人格。"这多少有点像在数据转储（data dump）。"

我皱起眉点点头。在我们所处的星巴克，松饼与金钱在主客双方同意下交换，商业世界仍旧以规律而无意识的、忙碌和理性的方式持续运行着。我第一次发现，原来企业的稳定运行不见得是理所当然的事，尤其当你听到运作的基础原则源自《绿野仙踪》里的奥兹国的时候。

九型人格的高等数学终于退场，投影片又回到熟悉的《绿野仙踪》，我大大地松了一口气。现在看到的是一系列标示着"感情主导型""心智主导型"和"直觉主导型"的格子。每一格的左边有五个条目，最有意思的一项是"扭曲的热情"，莫顿描述这是一种"坏的热情"，你必须认清它并加以克服。例如，狮子有一种"我要体验并控制全世界"的生之欲求，而稻草人则可能背负着"我不愿别人知我所知，以免被人视为无能"的贪婪。我打岔问他为什么"不愿别人知我所知"叫作贪婪，他平静地回答："因为那是将某件事物据为己有。"接着我又注意到扭曲的热情中有一项是"贪食"，指的是"我有再多经历也不够"的意念。在桃乐丝的奥兹国之旅与九型人格的"古老知识"之间，莫顿——或者说九型人格的创始人——已编造出人的七宗罪。

最后的结论是，我必须做一份测验，也就是瓦格纳九型人格类型量表（Wagner Enneagram Personality Style Scales，简称WEPSS），这会显示我的人格类型，告诉我应该找什么样的工作。我早就告诉莫顿我要找哪种工作，但显然我的话和他咬文嚼字的抽象哲学是两种不同的语言。我得在家把测验完成，寄给他，然后再见面讨论评估结果。这套服务要价 60 美元。

为了能够提升求职技巧，我仍在继续寻找职业教练。我注册了教练联合网站（CoachLink），收到三封电子邮件和一通电话。我决定找打电话来的金伯莉（Kimberly），因为她的行为展现出积极主动，她在网站上的简介写的是"职业与再就业顾问、教练和作家"。我们同意进行每周半小时的电话咨询，收费 400 美元 / 月，或者 200 美元 / 小时。首次咨询要交出的"作业"，就是要我"想象"自己心目中的理想工作。拥有这份理想工作，我的生活会是什么样子？

这份作业还不算差。每个人都应该找时间做做乌托邦式的幻想，还有什么时候比你无所事事时更适合呢？所以我幻想在一间位处林木之间的中小型公司工作，从办公室可以眺望山谷和起伏的山丘。每天上午和下午都有咖啡车巡回；公司有一间健身房，鼓励我们每天至少运动一次；自助餐厅则供应价格合宜的新式料理。然而，这些全都不在我写下的想象中，我写的主要是"小组"里浓厚的同事情谊，以及能让我文思泉涌的独立办公室，"情谊"和"独立"这两者要能获得平衡。当然，我的办公室一定要有门，不接受隔板。在想象中，我是小组的管理者，行使一种互动的、"授权"的领导模式。我将完全沉迷于工作中，管它是什么工作，且经常忙到深夜。

在我们第一次电话咨询开头，金伯莉表示，她对我的简历感到"兴奋"、对我的幻想感到"兴奋"，也对我们的合作大致感到"兴奋"。这份想象的作业我得了高分："你很清楚自己想要的是什么！很多客户过了好几个月都还达不到这个阶段呢！我觉得你会学得很快！"这种兴奋程度已经开始让我吃不消了。刺激之下，我想象她顶着淡金色短发，穿着节日主题的毛衣，从农舍里向外观望满是麋鹿或精灵的草地。

她自认："我经历过一些品牌建立的过程，我个人的品牌特色是极度乐观、富于同理心，而且特别能即兴发挥。"所以我也要以同样的方式来看自己——以"品牌"，或至少是以某种产品来看待自己。

"你之前的公关工作都做些什么？"

我的心跳了一下，不确定这是否是在试探我的真实身份，结果这是她惯常的谈话模式——提出一个揶揄的问题，接着再给你一个绚丽而有见解的答案："过去你推销东西，现在你要开始推销自己了！"

我低头看着我的运动裤和赤脚，这些金伯莉当然都看不到。我喃喃地说着缺乏自信啦、求职市场竞争激烈啦，以及年龄这个明显的"污点"。这最后的缺点引发了强烈的建议："你要很小心那些评价自己的负面字眼。你得成为那个掌控自己的你！"

接下来就进入了理论部分。她要我想象两个重叠的圆圈，一个圆圈是我，另一个圆圈是职场，重叠的部分则是"我的理想职位"。"你需要的是自信，"金伯莉说，"你要把玻璃杯看成半满，而不是半空。"她一边说我一边画这重叠的圆圈，然后重画一次，使它们几乎完全重叠，仿佛这么做就能大大扩展我就业的希望。

我们的半小时咨询终于接近尾声，我松了一口气。她认为我还需要 3 个月的辅导，也就是说她还需要 1200 美元。她说我会很辛苦，因为她使用的是"共创式辅导"，是"非常需要协力合作的"。她说："我要你把我设计成你的最佳教练。"她可能忘了她不只已被设计完成，同时还被定好"品牌"了。假如我要"设计"她，我会替她注射大量的血清素拮抗剂（serotonin antagonist）来缓和她的热情活跃，或许到了适当的时机，我会婉转地建议她冷却下来。这堂课使我精疲力竭，而她却更兴奋了，最后她承诺："我们要一起共舞！"

我感觉我和莫顿之间的事情还没有了结。我至少应该做一下测验，让他赚那 60 美元，或许我还可以补救一下耗在他身上的时间。九型人格测验有 200 个问题，每个问题以一个词语或一句话的形式，让我照自己的情况从 A 到 E 评等排名，例如：枯燥、享乐、有能力、调节者，以及复仇心重。我坐在餐桌前，原想在 10 分钟内快快结束测验，结果这并没有想象中那么简单。

我"特别"吗？从谁的观点来看？那么"看起来不错"呢？这当然要视你为之付出了多少努力而定。或者"差别为何"——这句话怎么能用来描述一个人？大多数的词语都是形容词，如"批判的"；但也有不少名词，例如"幻想"；甚至还夹杂着动词，例如"抗争"。我能够描述自己是"几乎没有""偶尔"或"总是"抗争吗？我是"有时""从未"或"总是"说"哇"或"没什么大不了"吗？

即便语法没有冒犯到身为作家的我（或者，现在应该说身为"沟通专家"的我）[3]，我也不确定要如何回答这些问题。例如"和谐的"，有时候吧，但这也要视与何人何事而定。"避免冲突"？尽可能做到，但有时我会自找冲突，而且还蛮喜欢的，再没有比拍桌痛辩更痛快的事了。那么"有活力的"或"快乐的"呢？我发现，我不是那种会说自己"不是那种……的人"

的人。

光是人格这个概念（也就是我们此处试图了解的），对我来说，能够派上用场的情况似乎很有限，很可能对其他人而言也是如此。"自我"则是另一个模棱两可的概念，因为当我谨慎检视"我"时，我的喜好、习性、记忆和偏好并没有几项能明确归类，例如贫困无依或独立自主，勇敢或怯懦。我决定，最佳策略就是克服"犹豫""忧虑"与"不知变通"，用看来正确或最让人赞赏的答案来回答。我在"遵守纪律""高度理想化""独立自主"和"谨守原则"等栏勾了"几乎总是"，而严正摒除"懒惰""烦人""拖延"和"懒散"。

一周后，莫顿有时间为我的人格做了"评分"，我们在他家碰面看结果。那是一间朴素的平房，位于一个我没去过的住宅区内，我看出那里的布置风格属于中产阶级的天主教徒，大约是1970年盖的房子：19世纪的田园风景照片、儿童摇椅上放着一只泰迪熊、一尊圣母像俯视着衣柜。换句话说，平凡无比——至少在我们走到餐桌前是如此。餐桌上放着三个高约1米的玩偶——稻草人、锡人、狮子，还有一个塑料的猫王玩偶——这是什么电影里的？

我决定一见面就先批评这份测验，因为如果我在测验结果出来后才批评，他可能会认为我是借此扭转他分析里对我的评断。我问他，我怎么能说"营销"（测验用语之一）是否适用于我？这是个名词。虽然我或许"擅于营销"，但即使想象力再怎么丰富，我可不是"营销"。我告诉他，这种草率的做法是不可原谅的，然而我发现这么说之后，可能无意间就泄露了我严厉、无情的人格。

莫顿丝毫不为所困，他拿起了猫王玩偶，猫王的双脚从箱子里垂直弹出，活像可怕的僵尸。他告诉我，他要借这个玩偶论证自己的观点："它和真的猫王之间有着相似之处，就如你和你的人格类型也有相似之处一样。"我想提出抗议，说这个玩偶确实还蛮像猫王本人不幸变胖前的年轻模样，至少任何人都可看出这不是一个芭芭拉玩偶。但我真正想提出的问题是：假如这份测验没有意义，那么我在这里做什么？而且这和我找工作到底有何关系？何况他现在把猫王放到旁边的茶几上，只剩下我们和这些《绿野仙踪》的角色了。

我们继续进行测验结果分析，结论是我的分数"几乎可适用于所有的人格类型"。我在"原创"和"成效"上得到最高分，如果在人格分析表上画曲线，我的对角线联结到"好"与"爱"。他抚摸着相对应的玩偶说，这代表我是锡人再加上一点点狮子。接着，他从旁边的文件夹中拿出令人困惑的投影片。我决定这一次要追根究底问个清楚，但当他晃动印着重叠的几何图案、标示"九型人格象征"的投影片时，我只能问出："这个圆圈是干吗的？"他向我解释，这用来使"图案协调"——意思是他只是单纯喜欢这图案的外观而已吗？——同时也可显示"我们讲的是一个完整的人"。我已经心灰意冷了，又问他："那个大三角形呢？""那是智慧的三大中心。"

结果，我的这些"原创""成效""好"与"爱"等特点都不是重点，重点是要去了解我"非智谋"的一面，这似乎是我坏的一面，也是我需要改进的缺点。莫顿说，有些人会对着餐厅窗外枯黄萧瑟的草坪讲话，拒听缺点分析，甚至有一位女教师在听完她的缺点后就哭了起来。以我的情形来说，非智谋的一面包括过度敏感、易感忧郁和嫉妒，更别提当我在画从"爱"到"成效"的对角线时所显现的不良特点了。实际一点来说，这所导出的结论就是，以我的高度情绪化和艺术型人格（这是怎么得来的？）来看，我可能"不是很擅长写作"，依我的情况，"建议的行动"会是"密集日记写作班"，以提高我的写作技巧。

除了咕哝着道谢，实在没什么事可做了，我赶紧付了钱，然后离开。我想起我的父亲，他的人格特点包括性急无礼、愤世嫉俗、爱唱高调、惹人讨厌、充满魅力、仁慈善良以及酗酒成性，但他还是能够从布特市（Butte）的铜矿区崛起，爬到企业尖端，最后成为一家跨国公司的研究副总裁。他做过人格分析测验吗？或是受过高阶管理人训练吗？还是时代不同了，1950、1960年代比较强调"实际能力"？对于莫顿、玩偶以及九型人格的古老知识，他会做何感想呢？在开车回家的路上，父亲大笑的低沉噪音一路萦绕在我的脑海里。

莫顿确实提供了一点有用的消息：假如我需要简历方面的帮助，可以去找乔安妮（Joanne），他会把她的电子邮箱地址发给我。乔安妮和金伯莉的收费一样，她和我在离家仅10分钟的一家咖啡馆见面。这不是一个很理想的地点，因为我去过那家咖啡馆，有可能会遇到认识我的人。我预期的乔安妮是一位穿着打扮无可挑剔的南方女士，而不是眼前这位跟我打招呼的女性——不修边幅、50岁开外。乔安妮告诉我，她曾在非营利组织做过"开发"的工作，但已经改行做管理人教练（她没提换工作的原因），而且刚从"百事可乐的一场战略规划会议"上过来。我立刻就认同她了，她不是金伯莉那型人，她不具侵略性，而且实事求是。虽然我不确定她们的工作是否有重叠之处，但我决定最好还是不要跟乔安妮提到金伯莉，或是跟金伯莉提到乔安妮。

目前为止，乔安妮是三个教练中第一个让我真正觉得有希望的人。她在我写的第一份薄弱简历中，看到"撰写讲稿"这个埋在段落里的字眼，告诉我要把它提升为一项可推销的技能，然后我才了解：对，这正是我真正可以做的工作。我轻视莫顿和金伯莉的心理学术语，但又很矛盾地一直深感焦虑，担心我可能真的一无是处，在这个广大的金钱驱动的企业界中一无所长。毕竟，我的公关和活动策划经验都是来自比较悠闲自在的非营利业界，而且可能无法全然应用在企业环境。但撰写讲稿就是撰写讲稿，从开场的笑话或趣闻，到列举事实、规劝激励的结语等，我已经做十几年了。他们不用知道的是，所有我写过的讲稿都是由我本人发表的。

乔安妮还给我其他有用的建议：拿掉简历中的"我"和"我的"（如"我的责任包括……"）我开始了解到，简历里的

"我"会产生一种古怪、空洞的语调，好像某个隐形的"他人"在过着我的生活。她也建议我，把做过的每一件事拆成好几个小项目，举例来说，如此一来我就不只是"策划"活动，而是"开董事会议以建立目标"，并继续进行该工作的其他阶段，以"推动活动后的评估"。我能怎么说呢？这确实把空白都填满了。接着她提出了最独创的提示：去职业协会的网站上找到我所想象的职业，抓出那份职业的热门行话或术语。假设她不知道我完全是在作假（我觉得她也没理由怀疑我），那么她实在是太清楚该怎么做了。这可能也就是撰写简历的重点所在。

当然，我并未把全部希望都寄托在教练身上。首先，我已经为我的新身份注入了血肉：为芭芭拉·亚历山大开了一个银行账户、为她办了一张信用卡、在金考快印（Kinko's）为她做好了名片。当然，她已经拥有了一个电子邮箱。至于服装，她就得和我共用，而此时我仍毫无头绪，不知我在大学校园讲课时所穿的服装是否能够通过企业界的检阅。我把电话留言里的"艾伦瑞克"从座机和手机中删掉；我买了新的眼镜框，颜色特别深的那种，只因要与我原先普通暗淡的镜架不同。我开始逛巴诺书店（Barnes & Noble）的商业图书区。

此外，我从金伯莉那里也学到了"先发制人"及"主动出击"的必要。我的简历还在大刀阔斧地删改，暂时还不敢发到像 Monster 和 HotJobs 这样的大型求职网站。但互联网世界里还有数不清的事情可做，我到活动策划的职业协会网站，看看有没有活动策划的专门术语可偷来填满我的简历。除了活动策划，我还延伸到"现场管理"和"投资评估"等领域。

为了寻求指点（如果能找到同伴更好），我用谷歌搜索了所有与"失业""白领""职业"及"工作"有关的关键词组合。我发现，这些词汇并不是最佳选择。首先，无业白领人士并非"失业"，他们是"身处过渡阶段"或可能"致力求职"。只有底层——蓝领与女性工作者——才会真正承认"失业"。其次，除非精心修饰过，避免输入工作（job）这个词，否则将会找出无数以手（hand job，手淫）或吹（blow job，口交）开头的网站。

花在网络上的时间让我有种阴湿和幽闭恐惧的感觉。来回浏览了数个网站后，我忘了最初的目的，而且迷失在充满建议、互助小组、线上活动、职业辅导（针对不同薪级）的网页间。我花了150美元加入了一个名为ExecuNet的网站，并且决定"管理人"就是我的身份。我输入"管理人"这个关键词，再次开始搜索，找出更多的互助小组、线上活动等。就求职而言，这算不算全然浪费时间？我感觉像是拿着一把面包刀，而非一把大砍刀，试图在浓密的林间灌木丛中砍出一条路来一样。

我和乔安妮通过电话进行第二次辅导时，芭芭拉·亚历山大开始赢得我的尊敬。刚开始我把她想成是一位不需要为钱工作的家庭主妇，公关和活动策划只当成兴趣涉猎一下，有点像是她忙碌的社交生活的扩展而已。她的丈夫一定相当有钱，而且我怀疑她的客户大多来自他的社交渠道。离婚使她必须面对经济压力，她对开展事业毫无准备。但现在乔安妮问我，与其他公关和活动策划人员的工作相较，我的工作有何独特之处？我思索着答案，然后回答："我对任何我在进行的话题或主题都有彻底的研究……我的目标是要完全精通工作领域内的主要议题与趋势，直到我能够参与实质的决策，例如选择一位主讲嘉宾。"

"精通！"乔安妮以一种罕见的热情大声惊呼，"我喜欢这个字眼！我们要把它用在简历或求职信上。"所以芭芭拉·亚历山大一点都不是个没大脑的人，而是活动策划领域的杰出知识分子。

同时，我还有金伯莉布置的作业。首先我得填好她夹在"客户资料"里的问卷，其中有个问题是列出五个形容词来形容自己的优势，以及用五个形容词来形容劣势。在优势方面，我选择"精力充沛的""专注的""聪明的""有同情心的"和"具创造力的"；至于劣势，我选择"焦虑的""强迫性的""杂乱无章的""容易分心的"和"沮丧的"——大多时候这些都是真的，除了只是用来填埔空白的"容易分心的"。

我的三大恐惧是什么？我提到"年纪太大找不到工作"和"可能会贫穷老死"，但实在想不出第三个。唯一让我迟疑的问题是："列出五件你在目前的生活中忍受的事（如杂乱无章的办公室、缺乏互动的人际关系、沟通不良等）。"对了，就是这个："杂乱无章的办公室"。层层堆叠的纸张在我周围像海浪般起起伏伏，地板兼作文件归档区，空杯子、未缴的账单、待回的信件、该审阅的文稿通通挤在桌上。如果要谈谈"扭曲的热情"，莫顿就会这么说，从我家中的办公室看来，我的管理才能和一个 12 岁的男生实在相差无几。金伯莉在我们初次会谈时承诺过，我不仅会找到一份工作，还会以"全新的观点看待自己"。幸运的话，这个新观点将不会这么凌乱。

金伯莉给我的另一项作业是再做一份 MBTI（Myers-Briggs Type Indicator，迈尔斯－布里格斯类型指标）性格测验，比起九型人格，这个测验巧妙多了。我不仅要选择适合我的特质，还要回答一些有点间接的问题，如："你通常和（A）有想象力的人，或（B）实际的人，比较处得来？"同样地，唯一明智的办法就是随便选选。"我通常都（A）自由表达我的感情，还是（B）将感情内敛地隐藏？"嗯，这要视这些感情在社会上被接受的程度而定。假如那是一种想要对眼前某人做严重人身伤害的欲望——嗯，不可以。"当我要去某地一日游时，我会（A）预先计划做什么事、什么时候去，还是（B）说走就走？"同样地，去法院出庭和去一趟商场，多少都有点不同。我以疯狂的决心快速赶完测验，就像只猴子被交付了一台打字机，规定要打出莎士比亚全集，希望能出现某篇还算有条理的作品。

职业教练使用毫无根据的性格测验来提高辅导过程的科学可信度，或许是情有可原的。但这些测验不只在教练间，也在企业决策者间享有广泛的可信性。1993 年，有 300 万美国人做过 MBTI 测验；《财富》（Fortune）百强企业中有 89 家使用该测验，帮助他们安插白领员工到合适的职位。[4] 九型人格学院（Enneagram Institute）在网站上列出据称使用九型人格分析测验来挑选员工的公司，包括：阿莫科石油（Amoco）、美国电报电话公司（AT&T）、雅芳（Avon）、波音（Boeing）、杜邦（DuPont）、易趣（eBay）、通用磨坊（General Mills）、通用汽车（General Motors）、意大利航空（Alitalia Airlines）、荷兰航空（KLM Airlines）、惠普（Hewlett-Packard）、丰田（Toyota）、宝洁（Procter & Gamble）、慧俪轻体（International Weight Watchers）、锐步（Reebok Health Clubs）、摩托罗拉（Motorola）、保诚（Prudential Insurance）和索尼（Sony）。亚马逊（Amazon）网站上有许多有关九型人格的书籍，没有一本显得特别重要，这些书包括《爱情与事业中的九型人格分析》（*The Enneagram in Love and Work*）、《九型人格的灵性维度》（*The Spiritual Dimension of the Enneagram*）、《管理者的九型人格》（*The Enneagram for Managers*）。

的确，我是在一种如《绿野仙踪》般古怪的情形下，接触到九型人格分析，但我所做的测验却是货真价实的。网络搜索的结果显示，根据各种说法，九型人格分析源自伊斯兰苏非主义（Sufism）、佛教、耶稣会哲学（Jesuit philosophy）和凯尔特人（Celtic）的传说，再加上充分的命理学根基。20世纪初期的俄国神秘主义者葛吉夫（G. I. Gurdjieff）似乎是灵感之源，但九型人格理论的实际发展通常要归功于两个人——玻利维亚裔神秘主义者奥斯卡·伊察索（Oscar Ichazo）和精神病学家克劳迪奥·纳兰霍（Claudio Naranjo），后者在1960年代因将致幻药（Hallucinogenic drugs）用于心理治疗而闻名。无论九型人格测验意图表达的"古老知识"是什么，都不过是脆弱的新世纪（New Age）杂烩，渴望在人类经验的失序下，寻得一点神秘的和谐而已。

根据安妮·保罗（Annie Paul）著《性格崇拜》（*The Cult of Personality*）所言，即使在众多测验中看起来比较合理的 MBTI 测验，仍然没有一点科学可信度可言。MBTI 始于 1940 年代初期，创立者是一名对心理学不甚了解的外行——实际上是一名家庭主妇。凯瑟琳·布里格斯（Katharine Briggs）发现女婿实事求是、注重细节的性格，和她自己平常仰赖直觉的行事作风大不相同，她对性格差异深感着迷。受到分析心理学家卡尔·荣格（Carl Jung）的"类型"概念启发（"类型"绝非天生的，并且是可能改变的），她设计了一项测验，把人性归纳成十六种独特的类型，所幸全部都是好的类型。（在布里格斯的世界里，没有那种有一天可能拿着自动武器出现在公司的心理变态者。）她始终感到挫败的是，这项测验从未赢得专业心理学界的尊重，不只是因为她缺乏专业的心理学背景，而是专业的心理学家从不相信人可以轻易地被归类成"类型"。

撇开"类型"的有效性不谈，即使是以 MBTI 的术语来说，它也没有任何预测价值。由 MBTI 的支持者所做的一项研究显示：测试者中只有 47% 第二次测试是同一种类型。另外一项研究显示：在数周或数年后再测，测试者中有 39% 至 76% 的人变成不同的"类型"。有些人的"类型"每次测试都有所变化。保罗总结道："没有证据显示，（布里格斯的）十六种类型比十二星座更可信。"[5]

在我们看来，企业界应该很注重像"利润"这种实际的、可度量的成就评量，但为什么他们却如此喜爱这些无意义的人格测验呢？其中一个具吸引力的理由是这些测验在职位分配上提供了表面合理性。毕竟，没有人愿意雇用一名残酷冷血的人事主管，或是一名忧郁害羞的公关人员；况且，如果你工作表现不佳，被告知这只不过是不"契合"你的内在天性而已，或许你会被抚慰。正如保罗所写的：

> 施行人格测验常被视为企业善意的表现，是对员工独特性的一种宽容大度。打着这种尊重个人特质的旗帜，企业便可把员工满意度的责任推到"契合度"这只代罪羔羊身上。没有不好的员工，也没有不好的公司，唯一不好的是这两者无法完美契合。[6]

当然，如果测验的作用真是一种意识形态——用来推动雇主和员工之间的"榫卯理论"——那么它们就没必要和工作表现或满意度挂钩。测验的功用比较类似企业礼仪的基础，使员工得以用不够"契合"的字眼，让被拒或解雇有合理化的解释。测验的结果让我们相信每个人都有独特的位置——虽然我们可能在你的个案中找不到适合的企业位置。

虽然如此，我的工作就是要找到一个"契合"的位置，不管是多么不稳定的位置，只要有公司要我就行。当我心里想着这件简单的任务，人格测验就显得更神秘了。如果我是一名训练有素且经验丰富的公关人员，那么发现自己的个性比较适合当入殓师，对我来说有什么好处呢？想必有外向的工程师，也有内向的房产中介，他们都会设法把工作做好。特别强调与经验和技能形成对比的"个性"，看起来就像挥舞一面红旗，我却无法知道它在警告我什么。

金伯莉的补课时间终于来临，这堂让我持续感到威胁的补课讨人厌地侵占我的时间。之所以会有这堂补课，是因为我死气沉沉、无法兴高采烈地装出和金伯莉成功互动，所以搞砸了先前约好的课时。我们一开始先看 MBTI 测验的结果，她向我宣布："你是个 ENTJ 型（外向、直觉、思考、判断型）的人，我一看到结果就好兴奋！"

她考我："记不记得那两个重叠的圆圈？"我承认还记得。一个是职场，一个是我。

"嗯，"她解释，"个性是你的一部分。"

"相对于职场而言？"

"对！每个字母都代表某样东西，合起来你就得到了一个水果沙拉拼盘！ E——代表的是外向（extrovert）。你知道这个词吗？"

"嗯。"

"它的意思是你的精力是外导的。"她也是个 E，而身为 E，"在求职上是个好消息，因为内向者出去会有很大的麻烦。"

我想不出该如何回应，这似乎引起金伯莉难得一见的自我怀疑。她问："你同意 E 这个部分吗？和别人在一起的时候，你会感觉精力耗尽？还是精力旺盛？"

现在这种情况下，当然是精力耗尽，但我不愿失去我是 E 的好消息。她继续解释其他字母，中间停下来让我确认其准确性。"N 代表直觉（intuitive），和 S——一种注重细节的人，是相反的。对一个 N 型的人来说，其挑战性就在于他们有点杂乱无章。"啊，没错，那就是我。T 代表"思考者，和感觉至上者相反"。这没错，虽然她自己的测验结果是属于感觉型的。J 的意思是，我喜欢"终止事情"，其危险性在于我可能会"草率了事"，而她可以协助我稍微放慢步调。我怀疑她在趁机暗示，针对我最近坚持要定下我们辅导课程的期限，或至少预估一下我何时能成为有能力的求职者，踏入圈子闯荡——我的这个要求被她支吾推托避开了。

"现在，真正的好消息是，ENTJ 型的人也被称为指挥官（commandant）。他们在公司里通常会升到最高职位。你是一位天生的领袖！"她告诉我。

"所以我应该应聘 CEO 的工作？"

"哦不，但你可以告诉别人你具有相当强的领导特质。那样你会觉得自在吗？"

我非常委婉地告诉她我不确定，而且实在不明白重点何在。

至于这个 ENTJ 版本的我，和莫顿的九型人格测验显示的那个情绪化、艺术性、忧郁、嫉妒心强和神经质的我，完全没有相似之处。这点就别在意了，在此我当然连提都不提。

"重点是，"她插嘴说，"它给你一些可以表达自己的语言！"她指示我打开之前连同测验一起寄给我的手册——《组织里的类型介绍》（*Introduction to Type in Organizations*）第二版。我在桌上那堆散乱的资料中翻找一阵子后，找到了这本手册，按照她的指示，翻到第 31 页。我发现一份列有 ENTJ 工作特质的清单，包括"接办迅速""计划周详"和"尽心尽责"。我问："所以呢？"

她回答："你可以在简历上这么说！"我开始察觉到她对我有些微的不耐烦。

我告诉她，我不能只因为测验说我计划周详，就说自己计划周详。我们你来我往地争执了几分钟，她一再坚持我本来就是这样的人。"好吧，我不认为我可以来到一个新环境就宣称我可以接管，或说我是位天生的领袖。"

"为什么不可以？"

"因为这听起来很自以为是。"

现在她再也克制不了气愤，只用一句嘲弄的"哈啰"来回应。

除非我可以假装家里有炸弹袭击，否则我们还有 25 分钟要继续，我可不愿把时间花在她胁迫我接受自己"具有"（这是她的用语）内在指挥官特质的说法。至今为止的数次辅导以来，我直觉感到她想要我变得更像她——乐观、开朗、"活在当下"，并且反应极端过度。我在网上碰巧看到过一些建议，如果我打算找到一份工作，就得变得像金伯莉那种人。其中有个叫"转型中的专业人士"（Professionals in Transition）的网站，上面有一篇文章特别写出如何培养"志在必得"的态度，建议如下：

> 你的态度会决定求职最终能否成功。如果你很不满你的前任雇主，或者表现出负面的态度，对方都看得出来。研究显示，雇用的过程 90% 以上都是情绪化的。换句话说，如果我喜欢你，我就可能雇用你。如果你被视为具有敌意、消极或非常情绪化，就会传达出一种混淆的信息，严重阻碍你为求职所做的努力。

雇用的决定有"90% 是情绪化的"，这个说法实在让人气馁。那么技能与成就该当何处？但倘若志在必得的态度是我所需要的，我就决心要培养这种态度，于是我问金伯莉该怎么做。

她可能很难想象竟然有人没有这种态度吧，因为她立刻就询问我遇到什么障碍："你在担心什么？"

"首先，我的年龄。"

"所以诀窍就是要让你的年龄不成问题。你希望自己几岁？"

我告诉她我对目前的年龄还能接受，但显然不合她的标准。她接着解释了"生理"年龄和"实际"年龄的不同，而且对于我安于现状的坚持毫不让步。"你不会说你觉得自己像 37 岁吗？"

事实上，我感觉比 37 岁时好多了，但我到底怎么了，竟然同意顺着她的意见，承认 37 岁是我的"生理年龄"。

"所以？你就是 37 岁！"她洋洋得意地宣布。

"但你从我的简历上可以算出我的年龄，上面列着我大学毕业的年份。"

"绝对不要把毕业时间放在简历上，"她建议，"而且要把所有工作经历都删掉。简历不应该回溯到 10 年以上，15 年是最大限度。"

这简直让我不敢相信。她干脆让我从膝盖以下截肢算了。我为芭芭拉·亚历山大哀悼——如今她要被缩小成一个 37 岁的侏儒。然而，这件事还是得做，所有提到 15 年前的部分都要从简历中删去。

更令人难以置信的是，这次辅导带给我的一大"收获"是：我并非求职界中唯一作假的人。我从金伯莉那里，以及某种程度上从冷静的乔安妮那里学到的，就是如何说谎——如何替一张不起眼的简历灌水，如何表现出我既不觉得、也不配感受到的一种自信。欺骗是游戏的一部分。和金伯莉和睦相处也是训练项目之一，这点我承认自己做得并不好。她有一次用"跳舞"这个隐喻来告诉我："我们正在跳舞，但一直踩到彼此的脚趾。"这给我的启示是，我可以做自己想做的人，只要我表现得像是我相信这个信念。我已经准备好，或者该说是几乎准备好，要踏进现实世界了。

第2章

踏进关系网络的世界

Stepping Out into the World of Networking

所有从求职网站搜集到的建议，都强调"关系网络"的重要性。刚开始，我天真地想象这是惯常的社交活动，可能还有机会喝点白葡萄酒。可是，乔安妮和金伯莉要我牢记，关于人脉，需要下苦功、守纪律，并且发挥百折不挠的精神。当我跟金伯莉说，我想要开始拓展人脉时，她打断我的话，要求听听我的"电梯演讲"（elevator speech）。这是一段30到40秒的自我宣传，以我的情形来说，金伯莉建议应该这么开始："嗨，我是芭芭拉·亚历山大，我是一位公关高手！"在一次电话咨询时，乔安妮跟我分享她的电梯演说（原来她自己也在找工作），而当我大胆地告诉她这段话听来有点生硬时，她坦承自己尚未完全背好讲稿。

经过数小时的搜索，我找到了一场在"40+俱乐部"（Forty-Plus Club）举办的联谊活动，地点位于车程只要两个半小时的华盛顿。这个俱乐部的创立是为了帮助经济不景气期间的中年管理阶层求职者，首届顾问团由企业及文化界知名人士组成，很引人注目，包括 IBM 创始人汤姆·沃森（Tom Watson）、彭尼百货（JC Penney）创始人詹姆斯·彭尼（James Penney）、影视名人阿瑟·戈弗雷（Arthur Godfrey），以及《人生光明面》（*The Power of Positive Thinking*）的作者诺曼·皮尔（Norman Peale）——我认为他根本就是金伯莉的心智祖父。不论创立的起源为何，全美各地 19 家"40+ 俱乐部"是你能找到的最接近失业白领的基层组织。俱乐部完全由义工经营，顺理成章地聚集了失业的中年白领人士。

活动从 1 月份某天阴雨绵绵的早晨 9 点半开始，地点在杜邦环岛附近一处让人印象深刻的地方——实际上是一间昏暗的、充满战斗气息的、没装修的地下室套房。帕梅拉（Pamela）在走廊上迎接我，她大约 50 岁，穿着一件长而贴身的裙子，制造出一种明显的人鱼效果。她引导我走向一张桌子，泰德（Ted）正在那里发放名牌，他看起来也有 50 岁，穿着发皱的西装与领带，深邃的黑眼圈散发某种独特的魅力。他指示我，我不能拿红色的名牌，因为我是个"新人"，按规定要拿蓝色的。他瞄了一下旁边，或许是要转移别人对他黑眼圈的注意。他透露联谊只进行到 10 点，到时我们就可以听到一场"求职者新年新希望"的主题发言。

时间实在很短，所以我立刻付诸行动，走到我的求职同伴前，自我介绍，并询问他们找的是什么样的工作。目前为止大约有 15 个人进来了，他们分坐在讲台周围安排成半圆形的座位上。我在座位尚未坐满、不至于妨碍我周旋于人群时，成功地和其中几位扯上关系：金融界的迈克（Mike）和公关界的吉姆（Jim）。我惊讶地发现，吉姆找工作已经 7 个月了。我的下一个对象是一位自称是媒体经理的男士，他述说自己的痛苦不满，因为他为时代华纳（Time Warner）工作了 11 年，却因企业不明就里的重组而被解雇，家里还有两个十几岁的孩子要养。所以这些人就是我的同类（大多是男性，也有一些女性），他们像我一样回到家，在书桌前花一个下午的时间，孤独地在网上搜索。

我原先担心我还没准备好的电梯演说，但和我谈话的人中，没人做电梯演说，更别提要听我的电梯演说了。金伯莉和乔安妮到底在想些什么？到场的多数求职者都是一脸被动和淡漠的表情；至于服装，大多数人都穿着休闲裤。光从表面来看，如果能从这群人中找出另一个 ENTJ 型的人，我会很惊讶。事实上，这地方满满地坐着大约 30 个人，全都是已过黄金巅峰的人，但我注意到，我是里面唯一有系统行动的求职者。那个比较晚到的迈克尔（Michael），对我的微笑示意没什么反应，一头埋在《华盛顿邮报》（Washington Post）里。我把注意力转向弗兰克（Frank），他是个 60 岁左右、不修边幅的人，自称是财务方面的顾问。

"你知道总统的问题是什么吗？"他对我说，"他从来不需要工作，什么东西都有人用银盘子放好递给他。"

我点头同意，说我也是个"顾问"（我学到用来替代"自由工作者"的一个字眼），他做出评论："那就是他们要我们做的——顾问。"这样他们需要时就可以利用我们，不需要时就可以把我们甩掉，不会牵扯到利益或其他纠葛。

10点，会议由梅尔（Merle）开场。她解释道，"40+俱乐部"的核心是一个为期3周的"新手训练营"，目标是把像我一样的新手训练成一台出色、精练的求职机器。我发现自己盲目地关注起梅尔来了：首先，她很美丽，看起来和我年纪差不多或稍微年轻一点，而且沉着稳重。我把她当作我的女性管理人模范——和颜悦色，但又专注于当前事务。她说她找工作已经找了9个月——她看起来明明有担任领导者角色的资格，这个信息实在令人不安。倘若这样一位具备管理能力的模范生都可以失业将近一年，那像我这种情况的人还能有什么指望？

梅尔介绍特邀发言人乔·洛克伦（Joe Loughran）出场，他以前任职于"华尔街伙伴"（Wall Street Associate），拥有哈佛大学MBA学位，现在自己做职业教练。他在"40+俱乐部"网站上的简历自称是失业者"过渡时期的促进剂"。他高大、温和，穿着卡其裤与红色毛衣。他用有点自贬的语调开场，主题是他以放弃巧克力作为新年新希望——他说要他"这么做很困难"。接着他想停止巧克力的话题，却似乎有点欲罢不能，提到新希望如何能产生多米诺效应时，已陷入一团混乱：你不买一套新西装，是因为你要等到戒掉巧克力、减了几公斤才买，然后，因为你没有新西装，你就去不成重要的面谈。这番话的教训大概是：别费心去管什么新希望。发言结束。

但当他问我们找工作面临什么问题时，话题又接上了。有6个人举手，提出例如恐惧、惰性、尴尬、拖延、财务、"非线性职业路线"，还有不可思议的"熬夜"等问题。我看到泰德靠墙站着，听到每一个问题都用力点头，表示他对它们都太了解了。乔很努力地继续在活动白板上写字。我也插话说，我对一大堆要做的事感到不知所措，缺乏轻重缓急的次序。这被记录为"日程安排"。

到了这个阶段，我预期乔会提出一些解决办法，但从未离开过前排位置的梅尔却上前问大家："你们有人可以分享解决问题的方法吗？"我心想乔的工作看来不过是记点笔记，以及穿着一身大红毛衣仿佛刹车警示灯。但解决我"日程安排"问题的办法随即一拥而入，快得让我来不及写下来。一名女士提供她的方法："我每天都安排日程表，包括网络搜索和运动，这迫使我对自己负责。即使我是房间里唯一的人，只需要管理我自己。"有人补充："我把闹钟设定成跟过去上班时一样的时间。起床、刮胡子、换衣服，好像要去上班一样。"另一个解决办法是，征召配偶担任"督察"，提醒你："说过今天要做这个、那个。"

这项建议很让人意外：找工作并不是没工作；它本身就是一种工作，而且必须做得像一份工作，连工作上比较让人不愉快的环节，像遵守制度，都得坚决执行——在这里是失业者自订的制度。这幕情节带有一点点恋尸癖的味道。我想到佛罗里达南端的基韦斯特（Key West）传说中的一位居民，在爱侣过世后，他竟把尸体完好地保存，在她死后还继续维持了好几年的肉体亲密关系。同样地，我们不接受没有工作的事实，拼命抓着一些工作的微弱幻影。

管理自己必须像真的有上司在旁监督一般，每个人都同意这点，虽然这立刻显现出一些概念问题：假如"推销自己"像是将自我客体化，"管理自己"则更进一步，到了精神分裂的领域。我想象芭芭拉分裂成劳动者芭芭拉（坐在电脑前找工作的那个）、产品芭芭拉（要被推销的那个），现在还有管理者芭芭拉（其职责是监督另外两个芭芭拉）——三者都在争夺统治权。我想到我的第一个教练莫顿说的神秘"核心能力"之一，还真的是"管理自己"。

但我开始了解到，这里的主题是"痛苦管理"与"结构性悲伤"。假如你已被伟大的企业机器所唾弃，只能冥想苦思你被人视为无能的处境时，想用一些琐碎小事来填补日子，最好还要有别人来监督，这也不无道理。将找工作想象为一份"工作"，必然满足加尔文教徒（Calvinist）想做任何性质类似工作的事的渴望，而美国人可能特别容易有加尔文教徒般的焦虑。我们常常用"至少这让我有事情忙"来肯定某项活动——仿佛忙碌是一种理想状态，不论你是如何达成的。后来，我从哈维·麦凯（Harvey Mackay）的商业畅销书《我们被炒鱿鱼了！》（*We Got Fired!*）中学到，找工作比实际工作更耗时："假如你有一份工作，那么你就可能拥有朝九晚五的奢侈；假如你是要找工作，那就预计每天做12到16个小时吧！"[1]

制造忙碌的另外一种下场就是精疲力竭的沮丧。一位白发的高大男士以显然毫无前提的推论，证实了这一点。他举手后提出警告："假如你以正确的心态反省，反省可以非常有力量。否则它会让你的心情很低落。"你不禁想知道，在他求职的过程中，到底忍受过什么样的心灵黑夜？但对梅尔和乔来说，他的意见只有"继续保持清醒"的作用，相当于维持志在必胜的态度，即使面对绝望亦然。这时，自我管理的严酷加尔文主义突然让位给微弱的享乐主义：我们应当去健身房，在那里和其他同好社交、和朋友吃午饭、列出自己喜欢的事。坐在我旁边、有点异国情调的黑发女士，找一份通信方面的工作已经6个月，她靠过来顽皮地低声说："我在服用抗忧郁药物。你觉得我该不该大声讲出来？"我们两个都咯咯地笑，虽然这并没有真的那么好笑。

我们接着谈到"恐惧"，乔问我们怕些什么。好多人以不同的说法提出"失败"，我又加上"被拒绝"。恐惧是无可避免的。乔告诫我们要"面对它"，有一位女士强调必须"真正去感觉你的恐惧"，我后来才知道她本身就是一位职业教练。她的说法似乎让帕梅拉感到很高兴，她跟梅尔一样，一直都站着，但比较靠旁边。帕梅拉说："那是尊重你的感觉！"只要面对恐惧，恐惧很快就会被消灭。正如乔对这个主题所做的总结："重点是，到底有什么好怕的？只要实行耐克（Nike）的口号：Just do it。"

这时候，帕梅拉有个想法：笑，精确地说，"假笑"。只要你以假笑开始，它会奇迹似地演变成真的。她表演了一段长达 5 秒钟的笑，接着说："看到了没？"但这假笑无法让众人理解，多数人以些微警觉的态度看着她。她以更高的音域再试一次——哈哈哈哈哈，哈哈哈哈哈。为表声援，我试着加入她的行列，否则现场实在是安静得可怕。

我们接着谈了健康与财务的话题，然后遇到一个难解的问题，乔称之为"空窗期"——这是你简历中时间顺序上的瑕疵，例如一段因失业造成的空白。可能是我过于天真，以及长年与职场脱节，我还没意识到，原来失业本身可能会使求职资格不符。[2]乔要我们认可"空窗期"的存在，接受它，并强调其光明的一面，例如我们在忍受"空窗期"时的领悟。我举手问："倘若这'空窗期'是当家庭主妇呢？"我预期在这里至少可以得到一些女士的同情，但我这样说就像是宣称我的大半生都在领取救济金一样。乔不安地望向别处，迫使梅尔走到前面，承诺这个话题会在"新手训练营"中处理。靠在墙上的泰德大声建议我可以强调"在管理小孩时所培养出的时间管理技能"。

是啊，好像我要把简历写成像"谈判复杂的儿童交通运输议题"和"提供具高度创造力的三人小组家庭领导技能的训练"？我想到近来所有有关中上阶层的文章，职业母亲选择在家陪伴孩子度过童年，满心期待之后再全力冲刺她们的事业。有一个"失落的一代"的妈妈在《时代》杂志的一篇访谈中提道："好希望她不会因这几年在家而受到惩罚。"[3]"40+ 俱乐部"的目标是为长期失业者提供支持，但在这个团体里，我提出的

"妈妈话题"显然就此打住了。

11点整，乔的演讲在一片热烈的掌声中结束，我选择这个空当开始向门口慢慢移动。才刚到门口，梅尔就把我叫住，她正在主持一个小小的仪式，表扬一位找到工作的训练营毕业生。她说："芭芭拉，现在还不是走的时候！"我很惊讶她可以从这个距离看到我的名牌，也很不好意思被单独点名。我站在那里，看着今天的幸运求职者，一个40多岁的亚裔，拿起一支音槌敲在一口大钟上，成为一位"鸣钟者"。我向后跨出门槛，但帕梅拉在我的正后方，挡住了我的路。她小声对我说："你的名牌掉了。"我强迫自己冷静下来，因为我已经开始对往外溜的可能性失去信心。假如我想再向自由跨近一步，就有可能被某些更健壮的狂热信徒扑倒。

开始时我觉得情形就是那样。假如他们的目的不是利益的话（而且也不可能是，因为每个工作人员都是义工），那么，在正式活动后溜走一个可能的新会员又有什么关系呢？我有一个偏执的念头，感觉自己陷在梅尔教派中，而接下来发生的事似乎证实了这点。像我一样的新人总共有6名，被安排到另一个房间去上一个特别课程。帕梅拉为何关心我的名牌也就显而易见，因为可以比较容易分辨出谁是新人。

这场新人的特别集会，结果是为了大力推销费用近600美元、每天8小时、为期3周的新人训练营。泰德和帕梅拉担任主持人，开场先播放一些训练营多么有效的影像见证，我们这些新人则是冷淡地不抱期望地坐着。泰德告诉我们，从简历设计，到身体语言和电梯演说，这将会是一段紧凑的经验分享。除此之外，我们每个人都会录制一段 3 分钟的自我推销视频，不断修改直到完美为止。泰德站在我的座位旁边，当我正在浏览一张描述训练营课程大纲的海报时，他突然放声大哭。

他做介绍时我心不在焉，所以我得快转回想他崩溃时所说的情绪化比喻——大概是有关他的一个邻居被解雇，而且已经好几个月了，却对泰德只字不提。是破裂的友谊？或只是让他回想起失业的最初几个月是多么孤独？还有他的黑眼圈到底是怎么来的？

我必须克制自己不要伸出手去放在他的臂膀上，帕梅拉很不耐烦地接过泰德的主持工作。受到指责的泰德努力镇静下来，眼泪仍一直滑落脸庞。

我终于起身离开，放弃知道泰德后来的情况，或者梅尔这位魅力超凡的领袖到底是圣人还是恶魔。无疑地，这里没有什么狂热的教派在进行活动，而义工这么坚持推销训练营的唯一理由，也只是因为这样才有点事可做：让自己埋首于"40+ 俱乐部"的活动，总比独自坐在家里等电话好多了。但是泰德的崩溃确实让我加深了一种印象：无论现今的企业界是什么情况，无论是怎样疯狂的过程吞没了人们、然后又在他们晚年时遗弃他们，伤害已然造成。

和金伯莉进行下一次辅导时，我向她汇报我已经成功进行社交了。"所以你攀上一些关系了吗？"她想知道。

"只有联谊的那些人。"我向她坦承，并解释"40+ 俱乐部"的背景。

"但他们都是失业的人！和失业者联结没有意义，除非他们和你想去的公司有些关系！"

那么，这一大批和我同类的失业白领人士，也不过如此了，不值得花一天的时间与他们为伍。我受鼓励去参加社交活动，结果被告知不过是在浪费时间。

"想一下，"她说，尝试新的引导方向，"你想要进入什么公司工作？"

对这点我已经有了新的见解，所以我告诉她："我一直在想……我在健康领域做过很多事，或许我应该更强调这一点，也许可以试试制药公司。"

"制药公司——很好！还有呢？"

"医疗用品公司？"

"还有呢？"

"哦，我不知道。"

"医院！医院怎么样？"

我必须承认我不知道或者忘了医院也会雇用公关人员——另一个痛恨看到医院账单的理由。所以找要如何和医院人士攀上关系？

"你有一个私人医生，不是吗？"

我承认我有。

"那就和他联结！"

"但是他几乎都没有时间通知我血压多少，更别说要谈论我的职业生涯了。"

"他有前台接待员吗？"

我也承认他有。

"那就和她联结！"

我没有告诉她，我并不以这样为傲，而且觉得这个建议很侮辱人。根据我的简历，我可是位"经验丰富的专业人士"，而我却得为了得到一条工作线索而去纠缠一位诊所的前台？更别提事实上这位前台看起来比医生还要心烦意乱、还要匆忙。金伯莉还在继续说随时随地社交的必要性，例如与飞机上坐在我旁边的人。除了那些失业的求职伙伴，好像人人都值得我的笑脸关心。

辅导结束，我续了一杯冰茶，坐下来仔细思考我对金伯莉的反感。我雇用她，她是我的选择，她理应帮我。当然，这只不过是一场记者的冒险而已，我不会赌上真实的情感。但是我对她的不喜欢已经到达痛恨的地步了，而且对我来说，仿佛只要我能弄清楚我为什么不喜欢她，我在求职过程中就能占得先机。她代表的是企业界中某种令我厌恶的事物，某种以无情爽朗的面具掩饰的深沉冷酷。事实上，"面具"这个主题在我的背景阅读中已经出现了好多次，例如理查德·桑内特（Richard Sennett）的《职场启示录》（*The Corrosion of Character*）、罗伯特·杰克考尔（Robert Jackall）的《道德迷宫》（*Moral Mazes*）等书中，都不断提到企业职员必须戴"面具"，就好像古希腊戏剧里的演员一样。根据杰克考尔的说法，企业管理人强调必须训练出铁石般的自我控制，并且把所有情感与意图都掩饰于温和、微笑、愉快这些公众表情下。[4]

金伯莉似乎已经精通这种必备的虚假，即使我不喜欢她，我的目标就是在她似乎已运用自如的企业文化里受到欢迎，也就是说，我需要"面对"我的反感并加以克服。但在达到那个超脱的境界前，我好像陷入了青少年时期遗留下来的情绪空间中：我恨你，请你爱我。

好吧，不管这个想法再怎么不讨人喜欢，我还是得用像在工作的方式来做找工作这件事。我决定我的每日计划如下：

早上 7 点半：起床，吃早餐，看报纸，看一下 CNN 好知道有没有大灾难——恐怖分子攻击、小行星撞击等，这些可能会阻碍我近期就找到工作，或至少使我必须修改每日计划。不过我还是拒绝盛装打扮，穿得好像真的要去上班一样。我坚持穿我平常的衣服，也就是介于睡觉穿的 T 恤、下午需要穿的运动服之间的普通衣服。

9 点到 12 点半：来到书桌前，处理日常事务——看电子邮件、修改简历、上网查看全国各个招聘网站，还有我想得到的任何事。多亏我加入了亚特兰大求职网（Atlanta Job Search Network）的会员，每周都送来好几十个可能的工作，光是看电子邮件就可以花上 20 分钟。为何要选择亚特兰大？因为那里是一个热点，至少在求职上可以这么说，只有大约 40% 的失业率——举例来说，比波士顿或纽约低多了。除此之外，只要搭一趟飞机就能到，也使亚特兰大成为吸引我的目标。不幸的是，这个网站传来的工作机会几乎都是和我不相关的领域，如"系统管理"和"建筑监理"。但有时也会有些比较有意思的东西可读——短文或求助。例如，我的求职同伴崔妮塔（Trinita）很悲哀地写着（给我和网络上的所有人）：

> 我终于找到了一份工作，但仍是没有福利的短期派遣……先前我失去了位于亚特兰大的公寓，在被裁员而没钱付账单后，到 26 岁这个年纪还得搬回家与母亲同住。我要感谢所有人还有他们的母亲，但我猜想我又回到光明的正确轨道了。

有些求职同伴们的简朴忠告同样带有绝望的意味。马克（Mark）有篇文章叫作《停止哭泣后能做的事！》，他列出了13 项活动，开头是："1. 拥抱你的另一半。（家庭必须放在第一位！！！）"然后结尾是：

> 13. 最后，但并非最不重要的事——拥抱你的另一半和孩子。（切记——家庭必须放在第一位！！！）

中间是一些针对"和每个人"打好关系的常见告诫，包括"姑姨、兄弟、姐妹、表亲、同学……会计师、造型师、理发师等"，还包括"保持积极乐观的态度。你想要和负能量的人还是提振你精神的人讲话？"

有好几周，我每天的工作核心都包括修改出符合乔安妮严格要求的简历。在每个逗号都审查完毕后，我们终于一致同意这段开场白：

> 摘要：具备活动策划、公共关系和讲稿撰写等丰富经验的顾问，将提供提升公司品牌与形象的领导技能。特别擅长健康政策和健康相关议题，具有高水准、可考查的全国性媒体曝光纪录。

令我懊恼的是，乔安妮告诉我，我的学历有点不足。我列出化学学士的学位，这是我真正拥有的，而且是以我的本姓亚历山大得到的学位。但这还不够。至少我应该旁听过几门相关的课程吧？所以我就列出修过的课程，希望这些看起来像真的教育课程，并可视情况修改：

- 推广社会变革（革新媒体计划，1991 年）
- 媒体与新技术（纽约大学，1995 年）
- 说服技巧写作（社会研究新学院，1998 年）
- 女性健康议题与媒体（长岛大学，1999 年）
- 事件管理的社会心理学（加州大学伯克利分校，2001 年）

更伤脑筋的是，乔安妮要我把简历写长一点；她的简历长达 4 页。但这实在已经超出我瞎编的能力范围，所以我辩称：在我每天都浏览的美国公关协会（Public Relations Society of America）网站上，简历都只有简洁的一页，而且这似乎是一般行业的标准。

我的简历仍然离完美远得很，可能还要再花好几周昂贵的辅导费才能达成，因为乔安妮和金伯莉对最新版本的草稿一直都在做小更动，比如详细斟酌要列出什么样的"社区志愿者活动"。我开始怀疑这个过程被故意拖长，完全是基于获利的理由：每次半小时的辅导，有时完全只着重在标点与格式上，教练却可赚到 100 美元。

虽然根据教练的评断，我的简历并不完美，我还是忍不住去应征美国公关协会网站上发布的一些工作。这相当容易：我只要浏览公关工作职缺（一周通常有十几项工作），然后送出我还在加工中的简历就好了。我也可以去公司网站直接应征，点击一下"招聘"，搜索公关工作的职缺，然后在线上提出应征即可。除了需要专业知识的工作（例如计算机技术或影视制作），或需要长期经验的特殊行业外，我什么都应征。假如公司想要的是思考与写作的能力、具 5 年经验，那么我认为自己就是具备高度资格的候选人，无论这家公司强调的是内部沟通、宣传，或是公共事务。当然，我是非常有弹性的。有一次我申请了美国糖尿病协会（American Diabetes Association）的公关主任职位，然后又转移阵地到好时巧克力（Hershey's）应征。大部分情况下，我都能很满意地收到确认申请的电子邮件自动回函，然后又给我一组号码作为查询之用，以防我还想继续联系。

12点半到1点：吃午餐，再看一下新闻。这合乎我作为一名公关人员要走在趋势、科技、商业丑闻等尖端的需求。

1点到3点：回到书桌前做些较悠闲或具思考性的劳动，如打听更多公关与活动策划领域的消息，并搜集更多小道消息和线索。有时候下午劳动的结果变成破坏上午所完成的一点点成就。例如，有一天我花了一上午时间修改简历，下午读了杰弗里·福克斯（Jeffrey Fox）所著的《别为找工作抓狂》（Don't Send a Resume），我很绝望地读到：

> 以"敬启者"为对象的简历，与垃圾邮件无异。一封没有目标的简历，通常只配垫在鸟笼底下。大部分以标准格式写成的简历直接从收件箱进到回收箱。少数简历会收到一封统一格式的拒绝信，99.2%都会被扔进垃圾箱。[5]

根据福克斯的说法，没有人对我的背景或"职业目标"感兴趣；所有公司都只想知道我能为他们做些什么——意思是说，我要在电脑前面坐久点，详细研究每一家公司，看出它的问题，然后想出一些解决办法。另一个下午的搜索，又让我看到令人沮丧的消息，说雇主（尤其是大公司）完全不再费事去看简历；他们用电脑扫描简历，寻找想要的关键字，我只能希望"公关"和"健康"也在其中。

3点到4点半：去健身房做每日运动，这是所有的教练和咨询网站推荐的。我本来就会去健身，但我还是很高兴健身能被认可为正当的求职活动。事实上，我发现自己正在延长健身的时间来填补空档——每天从45分钟延长到1个小时以上。我可能永远都找不到工作，但再过几周，我就可以把任何工作竞争对手搏倒在地。比较不好的一点是，我完全不知道该如何利用健身房作为社交的机会。我应该和谁建立关系？是那个每天在室内跑道至少绕1个小时，一看就知道是失业者的人？还是那个在踏步机上不知咕哝着什么的厌食女生？我一开始希望那咕哝是表示她想跟人交谈，结果她是听着iPod里的歌曲在哼唱。无论我在这里抛出多少迷人的笑容，我的对话似乎从来不曾超出过"你介意我在这里运动吗？"和"哎呀，我想我拿错你的毛巾了！"的范围。

　　但你也不能把所有求职的时间都花在电脑上。在"40+俱乐部"，乔告诫我们："走出你的洞穴！"所以我决心尝试和实际上班的人建立关系。乔安妮告诉我一个当地商业人士俱乐部的每月聚会，离我在夏洛茨维尔市的家才几公里远，花30美元就可以获得一个便当以及与在职人士交际的机会。我迟到了几分钟才抵达聚会所在的一间酒店会议室，口袋里装满了我的名片。大约有70个人围坐在桌前，聆听酒店经理一一介绍酒店设施的欢迎词，以备有人决定活动后要留下来过夜：118个房间，每间都备有咖啡壶、吹风机和烫衣板。我想你可以说，他也是在建立关系网络吧。

主讲"投资新兴成长基金：风险投资与其他策略"主题的三位演讲人登场，但我坐太后面了，看不到他们。所以，从我这个位置看过去，只听到缥缈的男声伴随着PPT介绍，全都强调着同样的趋势：由风险资本支持的首次公开募股（IPO）在整个弗吉尼亚州有大幅下跌的趋势。每个人似乎都以让人钦佩的淡漠神态面对这个坏消息。听众里没有一个人打岔、窃窃私语、呻吟叹息，或试着提早溜之大吉。有些词语不断被提到——"技能组合""不管怎么说"和"投资评估"——我把它们写下来加入我的企业词汇里。其他的唯一消遣就是便当了，好像是设计来抵制过世的阿特金斯博士（Dr. Atkins）*的减肥餐一样：鸡肉沙拉卷、通心粉沙拉、薯片和一大块巧克力饼干。

这些人是谁？虽然我坐在房间后面靠墙的地方，但多数来参加聚会的商业人士都是围桌而坐的，所以我可以看到不少名牌，而且很多还包括公司名称：CVS便利商店、智慧理财公司（Moneywise Payroll Solutions）、WBT顾问公司（WBT Advisors），还有一些房地产公司。戴着名牌的这些人一点都不让人觉得害怕；我看到满头乱发和麻木被动的表情，这些同样可以在"40+俱乐部"看到。这一定是因为在职者与求职者信仰相同的企业文化，而且这是一种服从与克制的文化，或许有点类似儒家学说全盛期强硬的中国宫廷文化吧。

---

* 美国医生和营养学家，以发明低淀粉的食肉减肥法而闻名于世。——编者注

但我不禁想，是什么条件让在职者形成一种类别呢？如果他们看起来并不比求职者更好或更热情洋溢一点，他们是怎么找到工作的？当然，他们一定都具备我难以想象的技能，例如财务或会计，而且都会坐在办公桌前完成复杂的任务，或是以我的观点来看很奥妙的任务。

有一个人引起我的注意。一位主讲人享受着难得一试的幽默，他告诉我们，SBA（是指小型企业管理局Small Business Administration吗？）的贷款不能用来资助"脱衣舞俱乐部或是色情场所"。说到这里，一位坐在我附近的女性咕哝着说："或是用来推翻政府。"她是个幽默的女孩，还是激烈的革命分子？我决定她就是我的第一个联结对象，但等到节目结束时，她在我还没来得及追上她之前就溜走了。害我现在站在一位大约40岁、看起来很可怕的人旁边，不过他长得有点像电影《华尔街》（Wall Street）里的迈克尔·道格拉斯（Michael Douglas）——西装笔挺，翠绿色丝质领带，头发后梳，鬈曲的发尾拂过衣领。我应该说声"你好"并伸出手，但他不耐地看了看我，大步走出会议室。接着我应该再走向别人，但他们全都往衣帽间移动。我对着每个与我目光相接的人微笑，但每个人都急着领取他们的大衣。我能怎么办呢？把我的名片塞到他们手里？把名片丢到空中让大家抢着去捡？

除了拿好外套回到车里，和抵达时一样没交到半个朋友之外，实在是没什么可做的。假如金伯莉也在那间廉价吊灯照明下的会议室里，或许她可以告诉我问题到底出在哪里了。但现在我只觉得大大松了一口气，今天找工作的行程已经结束，该是我上健身房的时间了。

今天学到的教训是：我还没准备好要进行下一步，也就是和可能实际提供我工作的人面对面互动。例如，我的名片就是个问题。现在已经1月底了，但两个月内100张名片的目标我只勉强递出不到5张。我知道就这些名片而言，我的工作就像是那些在曼哈顿街上试着塞餐厅广告给你的人一样——重点是只要摆脱这些名片就好了。如果这些名片都发不出去，无法四处张扬舞动，我就等于不存在一样。但即便只是递出一张名片，我就得和一个人谈得够久，才能看起来很自然地说："你何不拿一张我的名片？"有什么让我迟疑不前——或许是"缺乏自信"吧，我和金伯莉都同意这个说法，虽然我怀疑还有一种不愿"推销自己"的高傲抗拒。

其他求职者似乎也为同样的沉默所苦。例如，我通过亚特兰大求职网结识的网友希拉里·迈斯特（Hillary Meister）就说，她觉得"整个建立关系网络这件事"有很大的困难："这是个性问题。我是个安静、有点内向的人。这（建立关系网络）让我觉得很假，但我知道这只不过是场游戏罢了。"

这感觉起来很"假"，因为我们知道这意味着偏转我们天生的社交性，已到了别有用心的地步。通常我们和陌生人见面都会预期他们真的很陌生，而被每个人特有的多重神秘感所吸引。但在关系网络里，就像性交易一样，并没有时间让你心醉神驰。你可以这么说，关系联结者总是仔细打量着彼此，想要看看这次交流能够搜集到什么实质的好处——小道消息或是宝贵的门路。这种工具主义破坏了一种群体认同的可能性，比方说，企业剧变下的白领阶层受害者。无论室内有多拥挤，关系联结者仍伺机徘徊，寻找符合个人需求的机会。

但在目前的情况下，这些反对的理由都只是借口而已。不论是什么让我却步不前，例如害羞或骄傲，这些都必须克服，而且在求职这件事上我知道我需要更进一步的辅助。

"40+俱乐部"的训练营不在我的考虑之内。我到华盛顿参加他们下一次的周一晨间聚会时，泰德当面问我："是什么原因让你踌躇不前？"我愣住了，觉得这个质问很有上回演讲者乔的风格，可能的回答包括"拖延"和"非线性职业路线"。他接着说："钱的问题？"这时我才恍然大悟，原来他问的是，什么原因让我对参加训练营踌躇不前。我说我没有办法天天单程开车两个半小时，连续三周来上这朝九晚五的课程。

"有人从宾州大老远开车来这里，"泰德责备我，"不然你也可以住酒店。"

假如我参加了训练营，我就可以成为俱乐部的正式会员，这能让我和梅尔联结，交流领巾在套装外套上的正确戴法，并从她身上沾染一点管理者气息。不过，我随后找到一个相当吸引人的浓缩替代方案（也可以说是它找到了我）。某天我在盘算亚特兰大的工作可能性时，看到一则"管理人训练营"的广告，是由一个叫作 ExecuTable 的机构主办的，活动为期一天。这个训练营并不便宜，尤其还必须加上机票和一个晚上的住宿费用，但是 7 个小时和"40+ 俱乐部"规定的 120 个小时之间的差别实在太大了。所以我点开旅游网站 Travelocity.com，经过 30 分钟的比价后，想好了一项旅行计划。

第 **3** 章

训练营余生

Surviving Boot Camp

过去两年来我去过亚特兰大两次，停留的时间足以让我觉得这是一座没有情感的城市。在上次住的一家市中心酒店，我可以朝任何方向走两条街都还碰不到另一个行人。我甚至问过门卫要到哪里才能找到亚特兰大人，他指点我坐地铁到市郊的商场，那里果真有好几百人，没有人露出最近才逃离一场中子弹攻击的迹象。这可能是最新的城市趋势——人口减少效应，因为我在达拉斯和俄克拉荷马也遇到过这种情形。对失业者来说，这代表没有可以聚集、喝杯咖啡，或者还能聊聊天的公共场所。唯一的选择就是家、公司或商场；而且假如你没有收入来源，商场最好不要去。但训练营是在繁荣的东北郊区，那里的生活显然运作如常。

我抵达亚特兰大，心里并不踏实。已经 2 月了，而我这段时间以来实在没有多少进展，我和乔安妮一直在努力修改我的简历，这已经变成写毕业论文般的大工程了。经过数不清的修改与争执，讨论该如何最有效地强调我的优点后，她宣告我终于"快好了"，也许只是因为我告诉她下个月我不愿意再付她服务费用了。我把这份几近完工的成品贴在 Monster 和 HotJobs 上，并寄给 12 家招聘公关人员且可直接在公司网站上应聘的大制药公司——从雅培（Abbott）到惠氏（Wyeth）都寄了。到了这个阶段，我有自信我的简历已经包含了所有必备的才能，我更跨越医药领域，急切地去应聘任何征求符合以下人才条件的公司：

（一位）有经验、上进心强的公关主任。职责包括推广本地企业品牌、建立品牌认知、媒体推广，以及创作营销素材。

或可能是：

（一位）具扎实专业编辑与沟通策略技巧（具医疗沟通经验者尤佳）的熟练写手。两年以上媒体工作经验（附代表作范本）。须具学士学位。

有几家公司的邮箱发来了自动回复，惠氏公司还大费周章地寄来一张真正的明信片。不过，就只有这样了。大多时候，美国的公司似乎还是宁愿硬撑，也不要我的帮助。

在低落的心境下，即使是训练营，也开始隐然成为一场很可能不及格的考试。我有没有毅力撑过训练营？万一那里说的都是令人费解的术语呢？在密集的互动里，我的伪装有没有可能当场被揭穿？

我们大约有 15 个人，围着一张马蹄形的桌子，面对主持人帕特里克·诺里斯（Patrick Knowles）。网站上的训练营简介出现了好几次"管理人"的字眼；还有一次和帕特里克简短的电话谈话中，他规定参加训练营一定要带简历。根据这两点，我想象训练营场地应该比超级简陋的汉普敦酒店里无窗的会议室堂皇一点。结果这里甚至连喝水的玻璃杯，或是让你写字的免费便笺纸都没有。虽然训练营里只有少数几个人没露出一贯茫然的表情，但我还是预期我们会有机会沿桌介绍自己。例如，我忍不住在想詹姆斯（James，从他面前的名牌得知其名）的背景，只因他那头疯狂乱长的小平头；还有比利（Billy），一位 40 多岁长得很英俊的男士，看起来对这个场合有点过度兴奋，几乎费劲地克制着自己的兴奋。还有高深莫测的辛西娅（Cynthia），她有一头蓬乱红发，大约 45 岁，即使穿着牛仔裤，看起来还是一副很难取悦而且有点遥不可及的样子。但我们没有自我介绍，立刻就切入主题。

在电话里声音洪亮自信的帕特里克，其实头顶微秃、眼睛黯淡、大腹便便，一点也不是我想象中具有大将之风的样子。他以一种古怪的语气开场：

我要用眼神和你们接触。你们必须信任我，看看这个经验对你们有何影响。这是根据经验学习理论而来，包含三大部分：视觉、听觉与动觉。还有四大问题：你希望一年后的生活是怎样的？要达到那样的生活会面临什么样的挑战？你需要投入什么才能面对这些挑战？如果你不投入这些，会付出什么代价？

三大部分与四大问题——除了眼神接触外，听起来实在很让人沮丧，简直就像是莫顿的翻版。除了外表以外，他们的差别在于帕特里克较有魅力；他说得越多，吸收的精力就越多，显然是因为只有他自己的声音在室内振动，全体都鸦雀无声，完全没有反应。

我要告诉你们我的哲学。它非常有力。你个人的幸福感每增加一分，你的外在表现就会呈指数增加。

这个哲学在活动白板上被写成"EP/PSWB"。我们才上了5分钟的课，我就得绞尽脑汁去理解了。假如EP（external performance，外在表现）随着PSWB（personal sense of well-being，个人幸福感）呈指数变化的话，那我们为何要对EP相对于PSWB的"比例"感兴趣？在一整天的课程里，这个中心思想用了许多不同的伪数学形式，例如"EP10+/PSWB"和"EP10×/PSWB"，快让我抓狂了。当然，无论是EP或是

PSWB，我已经看出它们都不能以数字的形式来表达；至少我无法想象，你会怎么量化你个人的幸福感？虽然这里包括了数位 IT 和通信界的人士，他们对数学一定有些粗浅的认识，或至少具有逻辑、数字思考的概念，但似乎没有人稍微费神去反应。重点是要抬高 PSWB 的指数。

PSWB 取决于真实性与一致性，而这些都是借由自我发现的过程增强。你会看到人们改变他们的生活……你必须相信无论我做什么，都会导致这个（自我发现）。这是经验辅导的诺里斯群体模型（Knowles group model）。

所以这就是"诺里斯群体模型"的运作方式：在帕特里克严谨的领导下，每个人轮流上前说自己的"四大问题"，不过并没有照一定的顺序。他告诉我们，他"得到许可"在任何时候都可以打断我们，而他喊"停"时，我们不可以说话也不可以看别人。是谁给他"许可"的？当然不是教室里的人，多数人似乎都已经僵坐成呆滞默从的状态了。就和"40+"一样，室内弥漫的气氛是沮丧消沉的，掺杂着些许胆怯的期望。这种"喊停"的动作叫作"模式中断"，帕特里克告诉我们："这是非常有力的。"其目的是为了"从经验中获益"，仿佛经验是一个发现"益处"的新大陆一样。

第一个上台的是理查德（Richard），大约 60 岁，有一张布满了笑纹的慈祥脸孔。他原是房地产业的人，但因不明原因而离开，似乎和"压力很大"有关。然后他领悟到自己一生的梦想就是和儿子一起闯事业，但"那也行不通"。我曾读到，这是一种趋势：失业的父母到他们成年子女的公司工作。这可能是冒险的做法，因为实际上这牵涉到推翻父母的长期权威；而且我觉得，再也没有比临老之际还要受雇于自己的子女更可悲的事了。理查德现在寻找的目标是相当广泛的："为我的生命找到些许方向。"

这些话都是以平板的口气讲的，没有丝毫自怜之情，但理查德的表情让人觉得他很习惯别人用侮蔑的态度来对待他的话语。我很担心他会开始哭起来，或至少用双手捂住脸庞，以挡开迎头痛击。好在帕特里克在他坦承更多失败之前就"喊停"，帕特里克告诉我们："我必须挖出他的痛苦，但他现在太脆弱了，我不能把他逼得太紧。"他要我们对理查德的处境提出一些意见，过度热切的比利很敏锐地观察到："他们现在一天得工作10到14个小时。"他显然指的是压力很大的房地产中介工作："那是一大挑战。"

"他们？"帕特里克打断他的话，"谁是他们？"

原来我们是不可以谈论"他们"的，我们的言谈必须限于自己的"经验"里。但是辛西娅犯了同样的错误（就是那位红发女性，原来她是名房地产中介），她评论："房地产市场本来就是这么糟糕，理查德把这件事想得太针对个人了。"帕特里克不理会这句敏感的插话。我们对房地产市场没什么兴趣，那只不过是另一个"他们"——可用来作为我们失败借口的某种外在力量或实体。

接下来补充的是凯文（Kevin），他说他 36 岁，是什么"运营管理"的从业人员，可怜的凯文以他最坚定的目光说自己很"可靠"，但现在他所在的公司正在谣传裁员的消息，他考虑要自己创业，但这并不简单，因为他有两个小孩和一个全职太太。帕特里克仿佛失去耐性般突然"喊停"，并对我们说："使凯文裹足不前的人是谁？"

除了我之外，所有人都异口同声回答："凯文！"

不知怎么了，凯文的情况让帕特里克开始讲起他的一位大学同学米奇（Mitch）的故事。很多年前，他们都还年轻时，帕特里克到米奇家吃感恩节晚餐。帕特里克很仔细地描述当时的场景：外面又冷又泥泞，里面满室温暖，充满诱人的菜香。晚餐前，他和米奇决定溜进厨房做火鸡三明治吃。他们正兴高采烈地填饱肚子时，帕特里克听到身后传来碰撞的声响，是米奇摔倒在地。帕特里克觉得这一定又是米奇的恶作剧，但米奇却还躺在那边，脸色发青。原来他中风了。结果他外表变丑了，而且有几个月无法讲话。但你们猜猜后来怎么了？他就是米奇，米奇实际上就是帕特里克。

他在康复中心经历了一段痛苦的挣扎，再次学习说话。帕特里克停顿下来，沉湎于自己的思绪中。他所能表达的就只是"被了解的重要性"。

我们还在为这则故事百思不解时，他让我们解散到酒店大厅休息一下，喝酒店提供的咖啡和果汁。我向那个满头乱发的詹姆斯自我介绍，解释说我找工作只找了几个月而已。

"欢迎来到这个亡灵乐园。"他说，接着又说他找通信方面的工作已经一年多了。

我问他对这个故事的看法，他耸耸肩，只想知道帕特里克为什么要把他的名字改成米奇。我没有跟别人分享我的看法，帕特里克从一个励志演说家那里听过类似的故事：有一个在贫困中长大的男孩，一直都被虐待，而且还有学习障碍，猜猜看后来怎么了？那个男孩就是我。

帕特里克一定相当喜欢这个策略，才会应用在自己身上，尽管用得有点草率，其中的细节还得做一些修改。就要吃晚餐了，他们切火鸡做三明治干吗？不管你有多饿，切火鸡都是一项仪式，是要在桌子上切一只完整无缺的大鸟。而且那时应该正是全力捣土豆泥和做酱料的时候，在那紧要关头厨房为何空无一人？我很想跟大家分享这些问题，不过这似乎不太厚道。反正詹姆斯也已经对这个话题兴趣寥寥，跑去拿果汁了；辛西娅则告诉我她很担心保密性的问题。我同意，如果你不认识别人，就很难放下防御的心理，而且到了这个时候，我还看不出有任何理由能信任帕特里克。训练营看起来好像团体治疗，但是这个团体里最具挑战性的案例，可能是我们的领导人。

休息过后，我们聆听一位30多岁女士讲她的故事。她"热爱"她在医院的行政工作，但由于身为人母，她不再能应付这样的工作时间，于是她宁愿做一些更加有意义或"以人为本"的事。帕特里克除了建议她应当坚持每天记录"当天重大事件、思想和感觉"外，也没什么好说的。接着是一个高大、看起来很泄气的家伙，他很尖锐地说到他曾是商业展览业的"关键人物"，直到911后失去工作，变成一个"无名小卒"。然后还有克里斯（Chris），一个快40岁、有着一张悲伤脸孔的通信业人士，他厌倦了工作上的过度要求，而且周遭到处都听得到裁员的风声。

我很惊讶有这么多伙伴实际上还在职，至少目前看来如此。我原本预期周遭全是像我一样的求职者，但白领阶层大概包括两个族群：完全找不到工作的人，和对现职不满的人。中间地带是个可怕的地方，你长时间奉献在你觉得将要拒你于千里之外的工作上，但愿这只是因为很多同事都被裁员的错觉。我曾经读到过一种叫作"幸存者征候群"的抑郁症，据说在可能裁员的公司十分常见，训练营伙伴中有些看起来就像是这种症状的受害者。对于克里斯的个案，帕特里克没有提出什么解决的办法，不过他指示克里斯要"坦承他的经验"。

现在轮到我了，本来我希望晚一点再上去，以便有更充分的时间来研究其他伙伴的表现，还可以先在心里排练一下。但是轮到我了，我从白日梦里醒来，大步走到教室前面。我简短地自我介绍：我做过活动策划与公关方面的顾问工作，目前想找一份有安全感、延续性、同事关系融洽的工作。不过，听大家说完他们的故事后，我怀疑自己是否走错方向了，因为很多人似乎都急着逃离公司，而我却正想进去。

我的介绍连引发听众点头示意都没有，所以我很快就讲到我的"挑战"，列举出：第一，我的年龄；第二，担心自己无法适应企业文化（我已开始感觉到企业文化的存在，而我的个性可能过于轻佻、尖刻且不耐，因而显得格格不入）。我说，我觉得我好像应该强迫自己融入一个模子里。讲到这里，帕特里克"喊停"打断了我，我完全没有意想到，因此不自觉地表现得有点过火——我举起双手，猛然向后退了一步，好像被激光枪镇住无法动弹一样。芭芭拉哪里不对？这是帕特里克丢出来的问题，虽然他没有说得这么露骨。

首先，他把年龄问题轻描淡写地带过。他已经 59 岁了（不过在这里必须补充一下，一个月后我再见到他时，他说自己是58 岁）。至于个性问题，对于我居然提出有一个我们必须要顺应的企业文化，帕特里克看起来很生气："你不能重塑自己。你必须找到一个能够培育、尊重你的地方。"

我打破不得说话的喊停命令，提出反驳，说外面有成千上万家公司，我要怎么找到我的那一个"地方"呢？他的答复是建议我去建立一个可以做我"小组"（team）的"支持团体"。现在我可以动了，他要我回到座位上把这些至理名言写下来。比利大声告诉我"小组（T-E-A-M）"的意思是"大家一起获得更大成就（Together Everyone Achieves More）"，而"恐惧（F-E-A-R）"的意思则是"错误的证据……（False Evidence...）"，接下来我就没听清楚了。帕特里克以一种禅学的宣告来总结我的个案："重点是，事如所想。"

我一方面因脱离众人的注目而松了一口气，一方面又因帕特里克那无用的建议而感到沮丧。就为了这个，我付了179美元，还一路飞来亚特兰大？不过接着轮到詹姆斯，原来他才是这个房间里真正叛逆的人。他平静而自信地描述自己是一个"思考者、沟通者、写作者、教导者"。简而言之，他是位"哲学家"。"柏拉图、苏格拉底和尼采都死了，但是我还活在这里。"

场内一阵因震惊而产生的沉默，过了一会儿，帕特里克才恢复镇定，问詹姆斯的"挑战"是什么。

他说："推销我自己。"我努力地想象这些字眼出自苏格拉底之口的情景。

帕特里克建议："你需要更清晰地表达自己。"

其他人则苛刻多了。有人问："重点是什么？"比利插上一句："附加价值是什么？"另一个人又嗤之以鼻地加了一句批评："对哲学家可别太实际！"

我忍不住起身为詹姆斯辩解。我说，注意了，你们根本是想把他捏进企业的模型里！你们不让詹姆斯做他自己！我想说我这么做完全是为了护卫哲学，但其实最主要还是为了自我辩白：确实是有模式的存在！詹姆斯虽然目前被"喊停"了，但他注意到我的支持，坚称他不会为了融入企业界而重塑自己。活动进行至此，整个小组第一次笑开来。"你喜欢吃东西吗？""你中过彩票吗？"

但詹姆斯对我为他辩护的反应引发了我一连串的思考，使我一直到午餐前还能在帕特里克的闲扯中有点事做。假如我能把詹姆斯拉到我这一边来，那么我可能组织所有人群起反抗帕特里克和他的哲学吗？或许我可以说服辛西娅，克里斯也很有可能，因为他在休息时对我透露"他很厌倦帮别人赚钱"，"别人"可能包括帕特里克在内。不过，比利会是一大问题，因为他似乎和帕特里克是一伙的，或至少有点太投入这个课程。

在训练营其他让人受不了的特点中，我对帕特里克的自我吹嘘深感厌倦。他说他和电视心理咨询专家及脱口秀主持人菲尔博士（Dr. Phil）"有相同的技术手法"，而且只差少了一个像名主持人奥普拉（Oprah）的赞助者而已。我开始发现，这个训练营是为他的个别辅导课程招生所设的，至少有四位学员就是他辅导课的学生。这些已经上过个别辅导课的学生，像肯恩（Ken），一个40多岁、外表和蔼、整天都沉默不语的人，被他大肆吹捧，称赞比以前"进步"许多，我们其他人也被暗示参加他的个别辅导。我不明白何以帕特里克的个别辅导课学生会在这里，除非只是为了充人数，让帕特里克看起来比较抢手。至于他的哲学，就是直截了当地责备受害者：不管怎么说，你的问题是你。以帕特里克那融合了通俗文化与心理分析的洞察，这当然就是他唯一准备要表达的概念。

到了午餐时间，我发现自己是相当受欢迎的女生：辛西娅想和我一起吃饭，比利和詹姆斯也是，凯文和理查德尾随在后。经过一番争论，我选择邻近的福来鸡（Chick-Fil-A）餐厅，我们大约有40分钟的时间边吃汉堡、沙拉边聊天。詹姆斯透露他才刚再次拿房子去贷款。比利说他正从航空业转到职业教练这一行，而且不久就要创立自己的小组。当我提到可能搬到亚特兰大时，他强悍地看着我，以一种暗示我应当立刻把手中的冰饮拿给他的口气，说："Tea〔茶〕。"可是他要说的并不是茶，他解释这是一个军事概念的简称——思想（Thought）、感情（Emotion）、行动（Action）。同时，凯文正忙着用手机打一些听来很有后勤作业味道的电话。我问他："周六要工作吗？""不，"他告诉我，"幼童军。"

在回酒店的车上，我告诉詹姆斯，我很惊讶他提到尼采，因为他在这里实在有点违和。"帕特里克的哲学是那么乐观积极，可是尼采的观点是，"我努力地思索一个可以把《查拉图斯特拉如是说》的作者和帕特里克·诺里斯摆在同一个概念宇宙里的字眼，"你知道的，有点悲观。"

"嗯，不管怎样，他真的很聪明。"这是詹姆斯的辩答。

我只好同意，并鼓励詹姆斯无论市侩俗人怎么说，还是继续走他选择的道路。

午餐后，轮到辛西娅讲了。她描述自己"活在刀口上……视生活为一种冒险"，但这口气中防御多过虚张声势，好像期待有人会指责她。问题是她在房地产业界已经油尽灯枯：市场垮了，而她的收支无法平衡。她花越来越多的时间在公司上，却发现自己每个月的财务状况越来越糟。"我该如何安排我的生活？"是她来到这里的原因。"我以后要做什么？"她对自己想要走的方向有一些模糊的概念："我是个善于与人打交道的人……我很热情……我想要帮助别人。"

一份报酬不高的工作，一份社交性更强的工作，这些在我听来都没什么特别，但帕特里克以心理分析的诊断说法切进：辛西娅得了"轻度抑郁症"和"与事业完全无关的失落感"。我吓了一跳，她开始哭起来，眼泪滚落双颊，坦承她的父亲刚刚过世，而且几个月前刚刚结束一段长期的感情。

帕特里克以温和的语气坦承，从先前和辛西娅一对一的辅导课程中，他就知道她这些生活的危机，但他早已"忘记"了，刚刚完全是以她目前的行为来做分析。他直接在她面前坐下，一只手放在她的膝上，另一只手往下放在她交叉的腿上，这在我看来已濒临性骚扰的边缘了。要治疗辛西娅，就要再进行一对一的辅导，他敦促她要立即着手进行。至于我们这些人，他建议："把这件事外推成你自己的经验。她就是你，你就是她。"换句话说，所有人都需要进一步的辅导。

所以他是设下圈套故意套她的。也许她在个别辅导时曾经哭过，他就知道该按哪个按钮。在团体治疗中，再也没有比眼泪更能赚得热烈情绪与得来不易的"成长"这样的虚饰。假如我是她，我就有资格痛恨这出启发自我的小戏码。不过，我也很自责，因为她一定很想单独和我午餐，请求我这个姐妹的支持，但是我让其他人成群结队和我共进午餐，无意中就已拒绝掉她的邀请了。

辛西娅之后，整个下午变得索然无味。室内的空气在饭后呼气和除臭剂散发之下变得很闷热。我的背部因坐太久而疼痛——我这个经验的"动觉"有问题了吗？剩下的学员一个接着一个上去又下来。在一家投资公司做了 20 年后遭到缩编命运的艾伦（Allan）被告知："这不是一件关于找不找得工作的事。"——这个观察结论重要到让帕特里克一再地重复。"这不是一件关于找不找得到工作的事。这是一件关于了解自己的事……关键是，艾伦了解艾伦是谁。"

詹森（Jason）觉得自己 42 岁了却一事无成，如今还面临几成定局的裁员命运，他像我一样，因为还在提年龄的问题而被责骂："一切都是内在的——不管你是 62 岁，42 岁，还是 22 岁……都和外界无关。这始终都是你和你之间的事。"所以我们就被封闭在自身版本的柏拉图洞穴里——盲目地与这些帕特里克声称的自我弱点格斗，连稍微望一下外面微弱的午后亮光都被剥夺了。

下午的休息时段，辛西娅匆促离开，对我迟来的同情只报以悲哀的一瞥。我们围绕着咖啡机站在大厅中，那里有一台电视正在播放 CNN 新闻，播报某位著名总裁接受审讯，我开玩笑地对比利说，以这么多的企业丑闻看来，公关的需求应该很多。

"我把这一切都归咎于前任政府，"他严肃地说。

"克林顿的错？"

"对，他的行为。"

"和莱温斯基？"我有点搞不清楚，"那件事怎么能和这些上百万元的盗窃公帑相提并论？"

"克林顿要为 27 条人命负责。"

我快速地在心里翻找右翼阴谋论的资料："你是说像自杀身

亡的白宫顾问福斯特（Vince Foster）？"

"还有其他他知道的人。你去查查就知道了。"

"那布什就不需要为任何死亡负责？"

"那是战争。"

我开始要谈战争，不过话讲到一半就止住了。我为什么要和他辩论？在这里，除了保持低调并尽可能挖到与工作相关的信息之外，就没有什么严格的规定来约束我的行为了。但政治讨论已是明显越界，即使我心痒难耐，好想大肆舌战一番。

总结时，帕特里克在白板上竖着写下神奇（MAGIC）一词，这也是一个缩写：做决定（Making decisions）、更负责任（greater Accountability）、成长（Growth）、减少孤立（reduce your Isolation）、适应改变（deal with issues of Change）。他又写下另一个版本的 EP/PSWB 公式，重复 PSWB 是以"真实性"与"一致性"为基础的。我终于大胆地问他一致性在这里指的是什么，他告诉我那是"表示以一贯的作风行事"。好吧，管它是什么。那个在 911 后失去商业展览事业的人双手朝上表示接受，并做出他的结论："我们已经遇到敌人了，它就是我们。"

我们结业时含糊地约定要继续保持联系，帕特里克会在下周打电话给我们每一个人："这是一种负责任的做法。"不过究竟是对谁负责并没有说得很清楚。我走出汉普敦酒店的大厅，发现天空已经放晴，太阳也已落在假日酒店之后，假日酒店就在几条街之外，是我行李的落脚处。起了点风，对我新买的时髦薄外套而言，是稍冷了一点，但我还是很高兴。是的，帕特里克，我们当然要过自己的生活，但我们要靠某些事物来过生活。风吹痛了我的脸，人行道随着我脚下踩的每一步向后推移。毕竟还是有外在世界的，假如你无法感觉自己踩踏在阻力之上，你怎能知道你到底有没有在动？

接下来的几周，我的次要任务之一，就是试着更加掌握帕特里克奇特诡异的世界观。假如"没有什么重要的外在世界可言，我们对发生在自己身上的事负有责任"的信念，在企业文化里很普遍，那么我就应该要知道这个论点，或许还要能详细解释。这种信念里必然有很大的艾迪夫人（Mary Eddy）的思想成分在内，还有在她创立的基督教科学派里具体表达出来的心胜于物的哲学。我们也不能忽略诺曼·皮尔和他 20 世纪中的巨著《人生光明面》。不过，帕特里克的世界观最让我联想到的是埃哈德式小组疗法（Erhard Seminar Training，简称 EST），这个 1970 年代从伊莎兰（Esalen）学院的温水按摩浴缸沸腾而起，涌向行政主管办公室的流行心理潮流，传达的信息是：你，只有你，要对自己的命运负责。这是一个存在已久的美国观念，也就是说，和个人意志的力量相比，外在的情势根本不算什么。

我订购了一本帕特里克推荐的书，书名很诱人，叫作《心想事成的秘密》（*The Ultimate Secret to Getting Absolutely Everything You Want*），内容几乎完全在讲赚钱这回事。作者迈克·贺纳基（Mike Hernacki）在 1980 年代初期此书初版时写下：100 万美元是合理的目标。不过，如今"你实在不能说自己有钱……除非你至少拥有 300 万美元"。所以那就是标准所在。那现在该如何达到标准呢？我们必须先承认有些事"可能很困难，甚至连看一眼都觉得很难受"：

> 你必须承认，唯有你才是你生活中所有遭遇的来源。你必须承认，无论你的世界目前看来如何，唯有你才是造成现状的成因。你的健康状况、你的财务情形、你的个人关系、你的职业生活——全都是你的作为，只有你，别无他人！[1]

唯恐这段感想听来像是精神妄想，此书封面的文案还宣称这是皮尔博士和《心灵鸡汤》（Chicken Soup for the Soul）系列书籍作者之一马克·汉森（Mark Hansen）的共同意见，或至少获得他们的背书。更糟糕的是，从我个人的立场来看，还有一段文案是出自普惠公司（PaineWebber，已并入瑞士银行）的一位资深副总裁。普惠是处理我的基欧计划（Keogh Plan）*的公司，我只希望这家公司的员工还能够保有一些微弱的理智，知道市场并不完全是他们内在生活的具象流露。

一路读下去后，我发现我们的思想和欲望如何塑造出我们周遭的世界。"事物相互吸引"，表示有一种吸引力，把我们的思想和现实世界联系起来。"无论何时你想着某件事，这个思想

---

* 自由职业者为退休而存款的计划。——编者注

就会立刻吸引其相等的有形事物。"举例来说，靠着心里 300 万美元的想法，就能产生一股强大的吸引力量，到附近任何可能的钞票上；而这股力量在钞票越趋接近时，力量也真的会增强。这怎么可能？贺纳基列了一个万有引力定律的物理学公式来解释：

$$F = GM_1M_2/R^2$$

在此，M 是两个相互吸引之物的质量，G 是万有引力常数，R 是两者之间的距离。很明显地，当 R（你和钱之间的距离）变小，F（吸引钱的力量）就会变得很大。糊涂了吗？贺纳基将为我们消除疑虑：

> 现在，假如你能够理解上述的讨论，并且明白此一现象的数学基础，那么我要恭喜你。假如你一个字都不懂，也别担心。你所要做的只是去想这个想法。只要说出这个字，你就已经开始运转万有引力定律了。其他的事就会自然而然，以加速的加速度自动解决。[2]

惊人的是，他甚至把盗用的物理名词搞混了：加速度不会加速，只有运动才会加速。但是我这么吹毛求疵做什么？没有金钱会以任何速度飞进我的口袋里。

我放下贺纳基的愿望实现物理学，拾起布鲁斯·道尔三世（Bruce Doyle III）的《再思之前》（*Before You Think Another Thought*），亚马逊网站说这本书在贺纳基的读者群中也很受欢迎。在这本比较薄的书里，我们不会再看到万有引力联结思想到物体上，这让我放心不少，因为思想当然是没有质量的（也就是说，贺纳基的 F 永远且不可避免地都是 0）。[3] 在道尔的体系里，思想不须依靠任何力量介入就能自我实现，而且之所以做得到，是因为每个"思想形式"其实是"一个运作比光速还要快的……能量微波"。我们实在很幸运，"每一个思想形式的任务，是为了要完成思想的意图"。而它能做到如此是"借由吸引类似的思想形式助其完成"。你要如何使梦想成真？只要从心灵发射出能量微波即可。道尔声称："科学地讲，"——很难想到还有比这里更恶意滥用这个副词的地方——"你可以这么认为，把你的注意力集中在意识的能量领域，这包括所有可能的波动，创造你亲历实境的微粒（事件和物质化）。"[4]

除此之外，这些书解释了我一直被力劝要采取的"志在必得态度"的重要性：积极的态度能"吸引"或"达成"正面的结果（视你采纳哪一位作者古怪的科学名词而定），你只需要一点点或根本不用行动就可以做得到。这里也可以找到我曾问过金伯莉的问题解答：光是装出必胜的态度就够了吗？绝对不够，根据道尔的说法：

虽然假装具有积极态度的人可能较易为人接受，但他们所吸引的东西仍会根据他们实际振动的情形而定——他们所发散的能量会吸引来他们的遭遇和处境。[5]

我想到开朗的人显然会如何辩驳：那么家里遭炸弹攻击的小孩呢？在家毁掉之前，他有过炸弹形状的思想形式吗？难道我的训练营伙伴是以和裁员相关的频率"振动"，因而导致他们被裁吗？告诉那些运气坏到极点的人，他们的问题完全是咎由自取，这似乎是残酷到不可原谅的事。我发现我的思想形式集中在想要攻击贺纳基、道尔和帕特里克上——把他们拳打脚踢在地，同时指责他们自己无意间招惹上这麻烦。因为，若不是通过他们自己的意志和欲望，事情怎么会这样发生在他们身上？

但是从那些拥有权力与高薪工作的"赢家"的观点来看，个人命运完全掌握在自己手上这个观点一定更方便。这个观点以最吹捧的字眼来诠释赢家的成功，同时也推翻输家的抱怨。例如，帕特里克的学生来到训练营，早就预备好要把他们的困境归咎于经济、房地产市场，或公司非人的加班要求。但是这些被告们立刻被驳回，改以个人的缺失为托词：忧郁、迟疑、不专注。这里所传达的信息是，需要改变的不是这个世界，是你。那么就没有必要联合起来为更健全的经济或更人性化的企业环境而努力，或根本就不需要团结。正如一位成员所说的，我们是我们自己的敌人。

不过，要嘲讽这些 EST 思想的专家权威，对我来说实在太过容易了。在反感过后，训练营的经验和后续的阅读，让身为求职者的我收获一个明确的教训：我做的可能还不够多。假如我找不到工作，而找到工作是我为自己设定的目标，实际上这就可能是我自己的错。我决心要更努力、更拼，开始运作那些思想形式！我必须更常出去走动、更多认识人，而且我要认识的人，得比帕特里克集结的不幸成员对我更有帮助。

我搜索离家较近的社交机会，希望能离实际有员工聘雇决定权的人近些。这时我碰巧看到在里士满有一场 ExecuNet 组织的联谊会，时间上还挺方便的，活动的设计是为了帮助"过渡时期"的管理人重新充电。我打电话去询问时，对方问及我的希望待遇，这次，我的积极想法涌现，提出年薪 10 万美元。结果，那不过是加入里士满联谊会所需的一半而已；华盛顿还有另外一场联谊会，比较适合像我这样谨慎的胆小鬼。联谊会的费用只需 35 美元，加上之前加入 ExecuNet 会员及收到每月通信所交的 150 元——我猜，以能够和高层人士结识来说，这点花费只不过是小意思。他们建议我带 40 份简历，穿着正式的职业装。但当我抵达华盛顿时，后项指示因天气影响而须改变：天气冰冷，步道上还有一些零星的碎冰，而且从地铁站到酒店有五条街那么远，所以我穿休闲裤和运动鞋去，不过我觉得上半身穿着还算体面。

啊，甜蜜的享受！聚会是在一间中上等级的酒店举行，住一晚比汉普敦酒店至少多 100 美元，宽敞的会议室里有整桌的自助餐等着我们：水果、奶酪、蛋卷、肉串、咖啡和汽水。一位求职伙伴观察到，我们唯一缺少的就只有酒了。节目开始前，我们有半个小时的时间可以联谊，这实在很容易，因为在场除了我只有 5 个人而已，而非原先说好的 40 个人，没有人能够逃得过我的主动问候。30 多岁、极其苍白的保罗（Paul）告诉我，他上周和老板谈话后，如今还震颤不已。老板警告他，在即将展开的裁员潮中，他很可能会走路，只因为他在部门里的薪水比别人都高。他的头衔很响亮——企业发展部主任，而且年薪一定超过 10 万美元才能坐到那个位置。但是以他的个案而言，成就却带来反效果。

我也和唐纳德（Donald）谈话，他一看到我就说："我知道我以前在什么地方见过你！"让我紧张了一下。在他还没来得及想到上次一定是在电视上看到我以前，有个人插话、取笑唐纳德这种"白痴的搭讪台词"。唐纳德是一位被裁员的销售副总，有老婆和三个小孩要养。他透露自己经历过"一些非常激烈的情绪变动。变得情绪不集中，有点逃避现实"。但他似乎吸取过求职界的 EST 式意识形态，告诉我说："我现在已经完全超越任何受害者的心态，那是一种机能障碍。"

我们都舒适地围着桌子坐好，今晚的主持人罗恩（Ron）首先自我介绍。他说自己是一位"连续创业家"，开创过各种为企业提供服务的小型公司。他生涯的最高峰大概是服务于共和党全国委员会（Republican National Committee，简称 RNC）的几年，不过他跟我们保证："我不会在胸口打着一个大 R 的标识到处张扬。"或许他是担心可能有民主党员在场吧。我不会因此就反对他，但是假如我必须"设计"他（如金伯莉所说），罗恩会是一位 RNC 间谍。他有一张光滑的脸孔，是负担得起美容费用的人，衣领紧到整张脸从脖子上令人惊心地胀蹦出来。他说话时，眼睛小心翼翼地从我们身上一个一个地扫视过去，让我想到多年前一位共进午餐的时代华纳公司管理人，他似乎总在傲慢与服从间举棋不定，紧张地盘算着该呈现哪一面。我想到罗伯特·洛威尔（Robert Lowell）的一句诗："一名野蛮的奴仆／从油脂上悄悄地滑过。"

罗恩说："找工作有四种方式：关系、关系、关系、还是关系。"至于在 Monster 这类求职网上贴简历，就省了吧，因为你必须针对每份申请的工作送出特别打造的简历。我只能猜想那是什么样的"打造"，以及伪造的成分有多少。坐在我右边的褐发男士蒂姆（Tim），他把罗恩的紧绷衣领发挥得淋漓尽致，插嘴证实说，他当了 30 年的人力资源副总，从来没有在网上登过招聘广告。唐纳德则注意到那些网站都是给"年薪 5 万美元以下的人"看的。显然，在我进入的这个高贵圈子里，所有的工作都是通过个人关系得到的。

罗恩透露他实际上并不是 ExecuNet 的员工，而是另一家叫作麦卡锡和公司（McCarthy and Company）的员工，该公司拥有 300 个高层级的联系人。今晚课程的目的就是要教我们如何利用这些门路，假如我们受到启发，就可以付费给麦卡锡公司而得到使用权。

但是尼尔（Neal），一个 40 多岁的前媒体经理，带有澳大利亚口音和一头蓬乱的金发，他的一番评论，让我身处舒适尊贵之地的感觉消失殆尽。听来像是蓝调歌曲的风格，他说："我早晨醒来，'哦天啊，又是另一个早晨'……我没有任何焦点。""焦点"，我开始认识到是一个情绪化而不是认知性的代号；失去了它，不只会困惑或分心，还会严重抑郁。如果听到尼尔如此坦承绝望，帕特里克一定会马上挖掘尼尔的内心深处、找出他深藏的抑郁症、挑战他去对抗一个人，这个人当然就是尼尔自己了。

不过，罗恩丝毫不受绝望的影响，他说：专注的秘密是"让你的求职过程变得好像是去办公室一样，不管这代表是去图书馆也好，还是去朋友家也好，或是到我们的（麦卡锡）办公室都可以。"此外，你要找一个老板形象的人来"帮助你继续负责任，""我们已经习惯了有老板盯着，或者回应别人，所以你必须创造同样的动力。"

这个建议似乎无法安抚尼尔，我当然看得出这个建议和"40+"所提的是一样的：把你的求职转变成一种工作，而且不只是一种自由工作者形式的工作，你必须把这份工作规划得有条理，完备到找一个人来扮演老板的角色，最好是像罗恩一样的付费教练。因此，想做什么就做什么、想起床才起床、想穿什么就穿什么、让思绪随处飘荡等自由，这些失业的绝大好处也都被排除了。就在你终于有机会可以完全自主，还可能发挥创意之时，虽然只有几个月的时间，你却还得编一出你在为某人卖力工作的小戏码。这让我想到1950年代弗洛姆（Erich Fromm）的畅销书《逃避自由》（*Escape from Freedom*），那是一本企图理解法西斯主义吸引力的书。还有什么比付钱请人扮演你的老板更远离自由呢？

罗恩将时间开放给大家发问，唐纳德问，他是否应该向可能的雇主提到最近让他 3 个月无法工作的一场大病。罗恩的建议是："把生病转化成对你可能有正面效果的一小段富感染力的说明。"受到唐纳德的影响，我大胆地问："那么假如你是因为家务和教养子女而失去时间呢？"罗恩回答："挑战就在于要成为一个拥有不寻常故事的乞丐。假如那段故事无法帮你弄到工作，你可能就是错估了它的价值。把它转变成一段令人难忘的故事。"

乞丐？好吧，或许这的确总结了我们社会中母亲的地位。我瞄了一眼旁边唯一的一位女士，她的目光很急切地投向罗恩。她的简历写着，她过去 10 年来大部分时间都奉献于某家总部在纽约的银行，把该银行"竞争"的观念带到拉丁美洲。这里一定只有我不了解家庭主妇是这么一件不寻常的工作，还需要一番有趣的说明呢。我要如何开拓我那"难忘的故事"？我遇到了这个人，然后，哦……

罗恩继续进行到今晚的主菜，不过以他所打的比方来看，这主菜听起来更像饭后甜点。他劝告我们要尽量避免猎头。罗恩的"另一半"就是一个猎头，他知道"除非你能为他们贡献点什么，否则他们不会为你服务"——这让我开小差幻想起罗恩的爱情生活。他接着说，就业市场有好转的现象，但首先这会造成更多的竞争，因为有人想要离开不甚合意的"过渡工作"，这就是"你必须变成香蕉船冰淇淋的另一个理由"。他以低调且不具侵略性的语调说这些话，一点也不像我以前那几位教练，而只是同辈间普通的信息交流而已。他提出的主意是：写信给商业出版物中介绍过的主管级人物，告诉他们其公司现阶段所需要的是什么，当然了，那就是你。告诉他们你要如何为他们的公司"提升价值"。"站出去，凸显自己。你一定要进入香蕉船里面。"

或许我们已经在这条香蕉船内了，因为即便是罗恩自己，有时都觉得情况变得有点太棘手。在进行"职业规划的五大致命伤"这个话题时，其中一大致命伤是"缺乏焦点"，他开始打一个曲折的比方，你就像在一个火车站，决定不再搭同一班火车。也许你想查查看其他火车要开到哪里，或是想搭上同一班火车但要在另一站下车。然后他转移话题谈到价值，告诉我们："多数成功的竞争者都会提到他们的价值。"但价值是什么？"价值和道德并不一样。贪婪可以是一种价值。"或许是一个免责声明，他告诉我们："男人对想象这类的事情都不是很在行。"

但这里也有不少各式各样有用的信息，我努力地把它们记在我的笔记本电脑里。你请求别人给你们关系门路，如果他们真的给了你，你就要用很好的信纸，亲手写一封感谢信给他们。倘若你得不到实际面谈的机会，至少要求一段20分钟的"关系面谈"，目标是从别人那里探听些许门路。男性永远要穿正装，女性也要同样体面，即使是在周末。说到这里，罗恩好像给了我带有警告意味的一瞥；我想我的运动鞋被注意到了。要随时随地拉关系，有一个人"捞到一份工作"，多亏他某个周六早上在便利店认识一个人；幸好，当时他衣冠楚楚。

在去洗手间和加菜的休息时间，保罗在走廊上把我叫住，再次复述他的故事，只是在这次的版本中，他的老板是昨天警告他即将来临的裁员行动，而不是一周前。我觉得他没有说谎，我认为他老板这席恶意的话填满了他的脑海，占据了所有记忆中空白的时间。他还有机会再复述这个故事，因为最后一个小时我们要发表 3 分钟的"宣讲"——类似金伯莉和乔安妮所推荐的"电梯演说"，只是版本较长而已。我敬畏地听着同伴们起身简述他们的职业生涯：管理上百万的账目，推动新产品与新科技，重振垂危的企业。而我不但穿着运动鞋，还似乎走遍世界却连个痕迹都没留下。

这次我算是有备而来，不过还没背好讲稿，得寄望在场听众唤醒我表演的冲动。我说公关与活动策划和我有极紧密的关系：我策划的活动上过新闻，我策划的新闻发布会也都是大活动。至于讲稿撰写，不是我爱吹牛，坦白说，我发现如果是由我来写主要演讲稿，活动就更有看头。照先前的决定，我暗示了几个因保密协定不得泄露的成功案例。身为与许多名人政要合作的公关，我专长于酗酒问题和愤怒情绪管理议题等高难度的案件。酗酒问题是在金伯莉要求我把自己的工作以"PAR"（问题、行动、结果，Problem/Action/Results）的形式写出来时想到的。有一次我为新书做巡回宣传时，和我同行的媒体人分享了一段八卦，说某位知名的美食作家喝了五杯伏特加还欲罢不能，可以想见他在漫长的一整天接连不断的访问下，要勉强让思绪连贯有多么费劲！金伯莉觉得这个"问题"不适合写在简历上，但这是我唯一想得出来的问题。我停下来，让我的听众想象我灵巧地赶牧一群醉酒的名人，然后总结说，我向来都是以谨慎、创意与狡黠来处理这些案例。

"狡黠"这个词似乎引起他们的注意，我在想是否应该再次使用。唐纳德建议我通过公关专业协会来找关系，不过到目前为止，我只知道一个这样的网站。罗恩答应用电子邮件发一个链接地址给我。

最后轮到蒂姆讲话了。他可不只是做普通的人力资源而已，他还是工会破坏者，不过他没用这个字眼就是了。他的简历上列出一些他曾经起身对抗且击败的工会，而且他特别在宣讲里强调这些胜利。尼尔自从透露自己早晨起床的问题后，大半时间都保持静默，这时他问蒂姆，如果他找不到另一份人力资源的工作，是否愿意考虑为劳工工作。我言不由衷地咕哝说，以蒂姆的经历，去华盛顿当地的美国劳联－产联（AFL-CIO）*也许会大受欢迎。蒂姆顿了一下说："我愿意。"接着他又想了一会，费力地吞吞口水，一再眨眼睛，才说："可能不太好，这要调整很久。"

在这种情况下，蒂姆还是坚持原则，真让人惊讶。无论有

---

* 美国劳工总会与产业劳工组织（American Federation of Labor and Congress of Industrial Organizations）——编者注

什么诱惑，他依然忠于管理阶级的工作，就像我假设罗恩会拒绝民主党全国委员会的工作邀请一样。而我却完全没有原则。我在进行一项求职计划，假如惠氏公司——那家制造了可能导致上千宗乳腺癌案例的激素替代药物的公司——给我一个危机公关工作，我就会接受这份工作。不过事情发展的情形对我来说似乎不是那么乐观，就像美国劳联－产联不太可能开价请蒂姆一样。

第4章

改头换面

The Transformation

　　罗恩要我们拟定一套"冬春进击计划"，我发现这个军事比喻很古怪地让人感到安心。这不只是"态度"、希望或发散制胜能量场之类的事情；相反地，一切皆取决于冷静的战略逻辑。我决定，我需要一套三阶段的计划，因为在西方文化里，重要的事物都是三个一组。每一位演讲者都知道：两项要点没什么说服力，四项则过于冗长累赘，而三项要点不多也不少，表示圆满完整。计划的第一阶段，如罗恩所强调的，又是联谊——持续而不倦怠，有技巧且目标明确，不屈不挠，坚持到底。

　　现在我回顾过去，才发现我从罗恩那里学到的是，找工作就好像是要获得中学社团的接受一样。那里存在着一些掌握工作予夺权力的人，我的任务就是要渗透到这群精英之中。由于我在中学时从未"晋升"超过讨厌鬼和书呆子，所以我并没有和精英打交道的经验，不过像这样毫不留情地检视我想推销的

"产品"也还算合理。我的简历终于被乔安妮评为"优",也许只是因为我们的辅导课已经结束了。不过现在我担心的是产品包装问题——我的外表。社会学家罗伯特·杰克考尔曾评论：在企业管理者的世界里，"在最广义的情形下，外表代表一切。"[1]假如要符合简历所设定的水准，我的外表就需要仔细重新评估了。

幸好，我从网上得知，有些公司可以为我做这样的服务，我打了一通电话给其中一家，亚特兰大形象管理公司（Image Management in Atlanta）。接电话的人问我是要做"身体语言还是彩妆"。我说，都要，我要整套。他告诉我一次3小时要250美元。就把这个当成"冬春进击计划"的第二阶段吧：产品提升。

那第三阶段呢？一个已经升级的人假使没有搭配一套升级的销售策略，也是没有用的。为了达到这个目的，我阅读了安德莉亚·尼伦伯格（Andrea Nierenberg）所著的《联结不止》（Nonstop Networking），封面以大写字体介绍作者是一位"社交皇后"。这本书的目标市场，和广告上治疗"社交焦虑"的抗抑郁剂市场，好像是一样的。尼伦伯格写着："站在门口，社交活动有时看起来可能有些可怕。"诀窍是要把社交的过程拆成好几个"小步骤"，例如"确立眼神接触"和"提出开放式问题"。假如你还很紧张，你可以"用稿子"，排练到"驾轻就熟的程度"。[2]

作者也提供了用来打破僵局的破冰问题例句："你为何要来

这场活动？你在哪里工作？你从事什么行业？你住哪里？你参加过其他哪些活动？"[3] 我看着封面上尼伦伯格的照片——灰色外套与精致的银色项链、深色的唇彩和过浓的眼影，让她看来有点昏昏欲睡的感觉，我想象自己以"你参加过其他哪些活动？"这个尖锐的问题逼近她。

我决定前往亚特兰大的形象管理公司上一次咨询课程，之后我才想到，后续还可以造访一下帕特里克，他后来真的打电话来询问我还需要什么样更进一步的辅导，不过我当时不在家。这一趟旅程，我要好好利用刊登在亚特兰大求职网站上的所有社交活动，不再害羞或骄傲地沉默寡言；我决心要成为一个社交狂。

我在市中心预订了一间最便宜的酒店，一个晚上竟然便宜到只要 59 美元；我还租好了车，再打包上我所有还称得上"专业"的服装，幸好一个小行李箱就够用了，我甚至还塞进一台笔记本电脑。为了以防万一，我出发前一晚花了点时间看我在训练营买的一卷帕特里克的影像课程，内容是如何找到自己"生涯的致胜点"。它的内容实在是够烂的，烂到让我开始充满一种可笑的自信。画面中帕特里克正在对大约 20 位背对摄影机坐着的成人讲课，他喋喋不休地高谈阔论，直到他开始讲一段我没听过的故事时，才引起我的注意。内容提到他曾经拥有 100 万美元，然后，他的眼神从镜头转到墙上，显然那 100 万从他手中溜走了。里面的情节有时会被文字打断，通常都是三个重点列表的形式。我看到一半就觉得无聊而放弃了，后来才想到我是一名公关人员，而帕特里克最迫切需要的人，就是我。

这个计划在我出发的前一天成形。帕特里克会以为我是来上咨询辅导课的，但实际上我是来向他提出雇用我的建议。最好的结果就是他真的雇用我，而我就这样结束无业生活。或者，他会对我印象深刻而邀我加入他的秘密圣所——ExecuNet，那是他介绍最有前途的求职学员和当地的商界领袖认识的地方。或是当然了，他可能只是嘲笑我，把我赶出办公室，但至少我会获得一些"推销自己"的珍贵练习。所以现在这个"冬春进攻计划"终于有了必要的三阶段要素，我列之为"关系联结""改变自己"（就是产品提升的部分）以及"推销自己"。不过，我不确定后两项是否算是各别独立的项目，因为就心理上来说，要"推销自己"，就必须将现在的自己彻底改头换面。

我在亚特兰大的第一次社交活动实在让我太失望了。我住进酒店，发现它便宜是有原因的——又脏又乱，唯一可以吃的食物是柜台旁冷冻柜里的史都华（Stouffers）微波食品。但至少我还有冰箱和微波炉、一台电视、一张桌子，再加上大厅里有一台连接到打印机的电脑，可供旅客使用。我开车前往社交活动的场地——位于北郊的烤蒜餐厅（Roasted Garlic），天色还亮着。这场活动我是通过亚特兰大求职网得知的，是针对管理层求职者举办的活动，赞助者叫"待职休息室"（Layoff Lounge），还真名副其实。在大蒜和休息之间，我预期的是一个欢乐的场面，或许还可以吃点像样的食物。

烤蒜餐厅位于一家了无生气的购物中心内，多数店面这时都已打烊了。这是一家阴暗、偏僻的意大利风格餐厅，店内大多数活动都围绕着吧台进行。我被带到一个房间，里面大约有30个人围坐在长桌四周，面对照例会有的投影幕布。这群人形形色色，年龄从30多岁到50多岁都有，多数人的穿着打扮都是商务休闲风格。

不过，除了私下或闲暇时间外，我们根本就没有社交的机会，还得听两小时的报告。虽然有PPT，他们担心这样仍不够清楚，还给每人一本笔记，标题为"克服管理职业变动的秘诀"，里面包含与PPT相同的纸本内容。抬头你会看到：

一、应付职业生涯过渡与改变的策略

  A.了解你目前的情感需求

  B.掌握控制权

低头你看到的是同样的内容，当然啰，除非你已经先翻到后面去了。不过我们的眼睛忙着看上看下也好，因为这里糟糕又寒酸，连一丁点名菜的气味都没有。后面墙上的假常春藤攀缘在棚架上，我面对一幅描绘海边市景的织锦画，场景可能是意大利的海边吧，充满暗红与褐色的沉郁色调。只有一道帘幕遮掩了楼下吧台的景致，但却挡不住吧台传来的低语、偶尔的笑声与喧闹声。

报告的内容证实了中产阶级的生活的确是大幅度衰退：主

讲人告诉我们，"职业变动"，或者更精确地说，失去工作，这是无可避免的，一生中会遇到好几次，而且贫穷总是伴随而来。该如何应付这些情况？接下来提出的信息非常有用却很累人，包括在没有薪水入账的情况下，如何继续维持 401（k）退休年金计划*、健康保险以及信用评比等，同时还有一些小诀窍：举办庭院二手货拍卖会以赚取现金，并利用这种场合和邻居结交；减少小孩的零花钱；不要去外面吃饭，而且与别人结识时，安排在早餐而不是午餐时段，最好在星巴克喝杯咖啡就好。我们的主讲人是位理财经理，长得很像亚历克·鲍德温（Alec Baldwin），但少了那份性感，他告诉我们："你每省下 20 元，就是在替你的救生艇赚到一块支架。"

活动中也有苦中作乐的幽默时刻。提到退休金这个话题时，他问在场有些对活动嗤之以鼻、态度有点不屑的听众："现在还有人听过退休金这个名词吗？"[4]

谈到健康保险，他说："COBRA†：它不是蛇，但当你看到保险报价单时，它看起来还真像蛇。"不过，往好处想，有些阶级特权的迹象在无业的状况下还得以幸存。他安慰我们：身为管理人，"我们不是被革职或失业，我们是'处于过渡时期'。"

---

* 雇主支援的私人养老金计划。——编者注

† cobra 原意为眼镜蛇，在此指统一综合预算调解法案 The Consolidated Omnibus Budget Reconciliation Acts 的缩写。根据 1986 年的 COBRA 规定，被公司合法裁员的工人，如果支付 102% 的保险费，就可继续享有原公司的健康保险 18 个月，由于这些高额开销的关系，5 个人当中只有大约 1 位劳工受益于 COBRA 计划。（www.familiesusa.org）——编者注

这个仅存的优势可用在要求抵押贷款公司宽限几个月时。这名貌似鲍德温的主讲人说："在这里，你是个管理人。"所以你去抵押贷款公司谈判时大可不必"缩头藏尾"。

到了休息时间，虽然主办方先前说不要在外面吃饭，但还是鼓励我们点些菜来吃。主讲人告诉我们，这家烤蒜餐厅是"邓伍迪地区（Dunwoody）*的最高机密"。但试吃一道佐以康宝浓汤口味酱汁的老鸡胸肉丝后，我可以保证，要保住这个机密我绝对靠得住。坐在我右边的是一名30多岁的金发女郎利亚·格雷（Leah Gray），我和她聊了一下，她和我一样深感失望，觉得这根本就是一个完全没有社交机会的活动。议程里没有任何讨论时间，也没有时间给大家轻松地分享故事和小道消息。

利亚递给我一张名片，看起来好像一张迷你简历，列的大都是难解的代号，像 LINUX 和 SAP。她告诉我，她已经找 IT 相关的销售工作 6 个月了，几乎每个晚上都去参加像这样的活动。我问她什么样的活动可能最有助益，她说可去的地方很多，但很多都"具宗教性质"，而且对门路都没有什么特别的用处。在其中一场社交活动里，一个主办人要她透露她在哪里"做礼拜"，她愤怒地掉头就走。她赶紧跟我保证说，社交活动带点"宗教性"没有什么不对，只是那并非她参加活动的目的。

不是每一个计划中的社交活动我都能如期参加。烤蒜餐厅

---

* 亚特兰大最富裕的地区之一。——编者注

聚会的隔天晚上，我前往市中心的一家圣公会堂（Episcopal）参加联谊会。到了那里，一位好心的牧师告诉我会议时间有所更动，而且她似已有所准备，要免费提供我一夜膳宿。我赶紧回到酒店，搜索犹太会堂和平之屋（Congregation Beth Shalom）的地址，那里据说有一场"职业专家"（Career Mavens）的会议，但我要8点才赶得到，而会议在8点半就结束了。于是隔天早上还不到6点我就起床，开了45分钟的车，抵达位于城西的金栏自助餐厅（Golden Corral），但餐厅连门都还没开，而里面拖地的店员完全不知道会议在哪里举行。

即使行程上有这些空档，我的旅程还是忙碌得很。衣服必须维持在见得了人的程度，食物也得张罗，这和原本预期"市中心"的方便性，实在相差了十万八千里。在酒店周围两条街内，我可以在西洋棋超市（Checkers）买到汉堡，或是在一家运动风的酒吧买到大一点的汉堡和沙拉。我花了很多时间计划接下来的行程，我知道应该和每个遇到的人社交——酒店里无精打采的欧洲游客（他们可能把亚特兰大和亚特兰提斯或其他更有吸引力的地方搞混了），或是来酒吧享用优惠时段的顾客。但是当一天结束时，我只想给自己倒杯啤酒，独自关在房间里，什么事也不做。我到底是如何在MBTI测验上得到了"外向"的结果？这个谜实在越来越难解了。

形象管理公司位于一间看起来像翻新过的仓库顶楼。温文尔雅、穿着整套西装、打着领带的普莱斯考特（Prescott）在门口迎接我，介绍我认识他的合伙人——一位年轻的阿根廷人，穿着是难以归类的都会休闲风格。我还来不及瞄一下这个顶楼的格局，就被带到一间无窗的咨询室去，室内装饰着一些皮毛和手工艺品。

罗伯特·杰克考尔的著作给我一种印象：职场的穿着不光是遮盖身体而已，还有更重要的作用。他写道："适当管理自己的外表，很容易就让上司知道，你对进行其他的自我调适是有所准备的。"[5] 通过正确的穿着，连配件都讲究，就是让大家知道你在其他方面也很乐意顺应——例如，你可以遵从指示，并融入"主流文化"里。可是，首先我得了解我要顺应的主流文化是什么。

当然，我已经读了一些"如何穿出成功"的书，而且学到其概念就是要穿得好像天生就属于中上阶层的成员一样。这个领域的顶尖专家约翰·莫洛伊（John Molloy）在他的《穿出成功新女性》（*New Women's Dress for Success*）一书中写着："管理层是一个上流社会商业俱乐部，为了打入这个圈子，你就必须穿着俱乐部的制服。"[6] 他建议读者养成一种购衣前的习惯：先到昂贵的精品店侦查，看好适当的质料与型号，然后才去比较买得起的店里实际购买。我觉得在"高级"这一点上，我已经掌握得差不多了——例如柔和的色彩、没有花样的布料，还有天然纤维的质料。但我的观察大多来自学术界与出版界，他们对个人表现有着危险的极大宽容度，飘逸的围巾、发皱的亚麻布和大摇大摆的耳环都是能被容许的。

然后还有伤脑筋的性别问题。所有的书都提出类似的警告：女人在服装上要及格，可比男人难多了，部分原因是女人的"制服"不像男人的已经标准化了，所以女人比较容易穿错衣服。但问题似乎不只如此，还要深入到性别的生理基础问题上：让男性具有性吸引力的特征，如英俊外貌、高大身材、低沉嗓音等，在办公室里也同样占优势；但女性的性吸引力却会彻底破坏女人的事业。及肩长发、过度露腿，或是"太丰满"的胸部[7]，都会破坏女人的可靠性。美丽本身就是一种缺陷。

> 美丽的年轻女性很难让人严肃看待，特别是对男人来说，大多数男人甚至拒绝视她们为专家或权威人物。此外，美女被两性同样视为没大脑——或至少是无足轻重的。[8]

我知道在"过度性感""过于丰满"或"美若天仙"这些方面，我没有什么问题，但显然对任何年龄或任何情况的女性来说，身为女人都是需要抱歉的。[9]

普莱斯考特去厨房为我们端咖啡时，我试着浏览一下他递给我的紫色笔记本，封面标题写着："芭芭拉·亚历山大（名字是手写的）个人形象提升计划"。分隔我们座椅的边桌上有个古怪的小东西，分散了我的注意力，上面还摆着四根点燃的小蜡烛，和一座真的有水在流的喷水池。但我还是强迫自己读下去，发现第一页写着："激发你来做形象管理的动机是什么！"不是个问句，但还是出现类似答案的句子：

你在市场上的曝光度、你为了成功而对他人的依赖以及你与这些依赖接触的频率，这些是你应该发展并维护专业形象的三大理由。

　　还蛮合理的，因为在我踏进的这个世界中，人们不仅在表现上，同时也在"形象"上受人评断。而且，笔记本上还很有先见之明地指出："你必须了解，你在他人眼中的形象，完全掌控在你自己手中。"

　　就像看牙医前我会特别刷牙、剔牙一样，今天我也特别打扮了一下：刷了睫毛膏和眼线、涂了口红外加亮丽的唇膏、穿了外套和休闲长裤、剪裁合身的粉色衬衫，还搭了一条柔灰色的丝巾。只是此刻在等普莱斯考特回来时（我可以听到他在别的房间接电话），我装扮上的许多缺陷逐一浮现。在酒店房间暗淡的灯光下，我原以为我的裤袜是黑色的，其实是海军蓝，但是我的外套是黑色的。我15年前花19美元买的手表，表带和表面已经不相衬了。然后还有休闲裤的问题：其他衣饰都是安·泰勒（Ann Taylor）的款式（当然是大减价时买的），但这休闲裤却是在 Gap 的特价柜买的，我现在才第一次看到，它的拉链并没有完全拉上来。如果我穿的是平时的罩衫，这就没什么关系，但现在这件衬衫却必须扎进裤子里。那么鞋子呢？单调的平底鞋；还有这对"珍珠"耳环呢？我在迈阿密机场买的，3对10元。

　　当普莱斯考特端着咖啡回来时，我大致说明我的情况。我做"顾问"已经好几年了，现在必须在职场重新界定自己，但不太清楚该如何进行。我又说，虽然我不打算这么做，但我担心别人不会对我产生什么视觉印象。这种印象——其实就是一种印象的印象，源于多年前一家报纸对我的介绍，把我形容成走进房间不会有人注意的那种人。当时那看起来还是不错的消息，至少我已经摸索出如何融入人群；但现在我得让与我会面的人留下一点印象。普莱斯考特赞同地点点头，并恭喜我找上他："有些求职者忽略了视觉的影响。"

接着，我坦承自己对于职场穿着的概念大多来自纽约和旧金山，那里以黑色为基调的极简派风格仍然盛行；但在亚特兰大，你可以看到许多亮红带点金色的搭配。他赞同我的观察，又说在职场服饰上不只有区域的差别，各家公司风格也不同。有些公司极端保守，有些公司他则称之为"创意公司"。面试前先明了这些规则才是明智之举，毕竟你若想看起来像个"队员"，就要连队服都注意到。想知道公司的标准是什么，可以研究一下公司网站里任何女性管理者的照片，或打电话请总机人员告诉你那些女强人都穿些什么——当然了，我突然间想到，除非这名总机人员痛恨那些女强人，于是恶意地建议我穿灯笼裤和紧身上衣去应征。

现在，我们进行到手边的材料了，就是我。就像我经历过的许多辅导一样，他一开始就把我归到某种"类型"，只是这里不需要测验，只有普莱斯考特快速地整体观察而已。他宣布：我的身材是"方型"的，我的脸型则是"菱角"脸。我以为这表示我的头是尖的，但事实上指的是我的颧骨。这些都"太好了"，我可以保持原状。我的头发、甚至连那对三块钱的耳环也都顺利过关，都可以保留。至于我的整体造型，有四种可能性："古典型"，适用于总是穿裙子的人，"不太有灵活性，而且有点共和党员的倾向"；"浪漫型"，这种人"喜欢飘逸的质料"；"戏剧型"的人"喜欢破坏规矩"，而且常常都很"古怪"；还有"自然型"，这种人"喜欢户外活动，想要拯救猫头鹰和树木。喜爱有纹理的质料，而且不穿花哨的衣服"。结果我属于自然型，这似乎让普莱斯考特很高兴，因为"不需做太大的改变"。就流行时装而言，我是张未经涂抹的白纸。

我的第一个问题是，"方型"身材加上合身的衬衫和翻领外套的直线条，刚好给人一种"太过权威"的印象。"你要看起来和蔼可亲，而不是令人畏惧，这样别人和你共事才会感觉自在。"这就表示要有曲线，而不是直线。

解读这个诊断后，我才明白我看起来还不够女性化。[10] 说真的，这让人很困惑。那些穿出成功的书都鼓励我外表要穿得有点男性化，可以用朴素的发型和遮掩曲线的套装达到这个目的。但普莱斯考特说，假如弄得过于男性化，就会显得怪异。一件合身的衬衫到底有什么威胁性？根据我以前做业余历史学家的经验，低下阶层的人常用模仿作为嘲弄的一种形式，例如有些19世纪被殖民的非洲人和被奴役的加勒比黑人，喜欢在庆典上戴着英国军官的徽章，大摇大摆地走来走去。也许一个女人过度男性化的上班穿搭，所表达的是同样的信息——对男性主掌的职场阶层的秘密嘲弄。

"说到身体语言，"普莱斯考特接着说，"你的手交叉抱着腰的样子，看起来好像在克制什么一样。"

这倒是真的。我放开一只手，往前伸去拿咖啡杯；但另一只手一定得留在原位，遮掩拉链的缝隙。

"还需要一条项链来制造整体感。"他继续说。

我提出反驳，我的上半身已经有眼镜、耳环、丝巾和胸针彼此争奇斗艳，再加上一条项链就有点过火了。但事实相反，项链显然具有调和的作用，而不是争艳的对手。

他继续数落我的缺点，快到我几乎来不及写下来：你不可以穿休闲裤配一件不搭调的外套，上半身和下半身必须是同一款式，或许像军队制服更好。还好，他对手表没说什么，只是委婉地建议我要换一个大一点的表面，最好再配一条金色表带。

接着他讲到整体的颜色搭配，这使我大受打击：我绝对不可再穿灰色或黑色的衣服，因为这些颜色使我看起来脸色苍白。这个批评简直判了我裸露之刑，因为我全部的衣服不是黑色就是灰色。实情是我很容易打翻东西，所以桃红色或黄色的衣物我都不曾穿超过两三次。即使我的挪威发行人送我的那只保守银质胸针，都被普莱斯考特认为"不够专业"。一直以来，我都认为自己是位外表绝对过得去的中产阶级专业人士，没想到实际上竟是个衣着不合身、邋遢凌乱的人。

假如普莱斯考特不是那么完美的话（恰到好处的衣着打扮、谨慎周密的举止），那么这些可能就令人难以忍受。我有很多借口可以搪塞，不过我当然不会强迫他接受。最主要的理由是，身为作家，我没有必要为工作而打扮，可以只穿运动服，或是干脆什么都不穿；而当作家试着"盛装打扮"时，身边的人通常都赋予他们很大的空间。我记得有一次和诗人兼短篇小说家格雷斯·佩里（Grace Paley）参加一场宴会，她穿了一件宽松的粉色印花洋装出席。我赞美她时，她坦承那是一件睡衣，仔细看还蛮明显的。

普莱斯考特完成评估后，把我带到第二间无窗的小房间。我们坐在柜台前，面对镜子，讨论化妆品的问题。他要求看一下我目前所使用的产品，所以我展示化妆包里的东西，好像机场的安检一样：两支口红、一瓶润色保湿乳液、粉饼、腮红、睫毛膏，还有一支眼线液。这些大部分都必须丢弃：口红里暗含看不到的灰色，会使我看起来暗沉；腮红是另一个带有致命灰色的产品。真不好意思，我的粉饼表面有点微微隆起，他认出那是由我的皮肤油脂滋养而成的菌落。原来我一直都在用细菌残渣在脸上涂抹！我看得出来，除了250美元的咨询费外，我又得花一大笔钱在他特别介绍的化妆品上了。

他用他的产品灵巧地帮我化妆——我必须说他化得真不错。然后他把某种短上衣布样围在我的脖子上，上面有一层层不同颜色的样品，一次把一个颜色转到前面来，所以我看起来就像依序穿着褐色、黄色、绿色、红色、橘色、桃红色等不同颜色的衣服。他转到一块禁用的颜色，然后说："看到没？这个颜色让你看起来很苍白。"我同意自己看起来就像山顶洞人或一具尸体。然后他又给我看一个"好的"颜色，并坚持要我承认那饱满甜蜜的色调使我的脸色明亮。虽然就我所见，我看起来有点像得了结核病，但我还是再次点头附和。

玩玩色彩和布料样品，应该是有趣的，但我突然觉得一阵恶心。我了解到，为了让自己变成一个可销售的"产品"，首先就必须把自己变成一项商品、一样东西。我后来推断，这阵恶心感可能只是我在西洋棋超市买的午餐培根双层芝士汉堡在作怪，灰白的脸色显然是专业化妆的成果。我不明白的是，为了变成一件物品、一样东西，竟得先经历一种类似死亡的过程。

我借口说4点有个约会，然后买了价值55块半的化妆品，向他保证我随时可以通过电子邮件订购更多他精选的产品。在他允许下，我得以保留自己的睫毛膏。然后我回到酒店，停好车，漫无目的地走过办公大楼和正值优惠时段的餐厅，穿梭在不知名的街道和市区公园，直到脸上的颜料在雨中溶化殆尽。

第二天下午，我开了一个小时左右的车到亚特兰大城外去找帕特里克。原来他的办公室位于一座以金考快印和奇克炸鸡为卖点的购物中心内。我在炸鸡店里灌了一杯冰红茶，穿了和去形象改造时一样的衣服，在洗脸台上洗了一下衬衫腋下部位，感觉清爽些，再用烘手机烘干。我还背好了谈话重点：他为何需要我，我能为他做什么，还有美好的前景。这个策略是根据一些求职手册的建议想出来的，书中建议你事前要彻底研究雇主，然后再利用面谈的机会，谈谈你能为公司做些什么，而不是喋喋不休地吹嘘自己。例如杰弗里·福克斯在《别为找工作抓狂》中，用勉励的语气解释："公司可能不知道它需要你。"[11]——直到你略述了"可改进公司的五、六种方法"之后。比如液压油渗漏？运输时间过长？你把这些缺失指出来，然后解释你会如何修正这些问题。

帕特里克的办公室位于一家外卖中餐厅楼上，我一走进就发现这个计划完全不如预期。我原本想象的是一间办公室套房，至少有一位接待人员，而且有一间会议室之类的房间，可以让 ExecuTable 的内部人员偶尔小聚、喝咖啡、吃牛角包。但应门的是帕特里克本人，门缝露出一间只有衣物间大小的房间。他看起来明显比训练营那位口才流利的专家退化了许多：他穿了件运动衫和牛仔裤，仿佛是故意蔑视职场的礼节；脸看起来有点肿，一副刚被煮熟的模样。

我在沙发上坐好后，他问我求职的情形如何。有那么一刻，我被一种"推销员之死"的感觉所震慑，几乎说不出话来。我实在应该找个借口逃走的。我应该在训练营里承认有更大的"障碍"，然后接受正常的辅导课程才对。在我看来，他甚至连一名清洁工都请不起，不过即使清洁工想清理，可能也找不到一块干净的地方着手，桌上、地上到处堆叠着大众心理和自我提升的书。但是我已经安排好要按计划行动，而且不能离题。我就像一个走到跳板尽头、正要向空中跳出第一步的人一样，我大声说："帕特里克，我想了很久。我研究过你的影像和训练营的笔记，我认为你应该雇用我。你需要一名公关，你需要做形象改造，而我就是那个可以帮你做到的人。"

他除了好像肌肉疼痛而突然扭动一下脖子之外，并没有作声。我继续投入有备而来的谈话：无论经济是否改善，他的职业辅导事业还可以再扩展，因为业界已经改变了。时至今日，过去的经济衰退已经复苏，但公司仍执意要保持人事精简；它们随自己的需求而决定用人、裁人，因此不管自愿与否，管理人或专业人员预期一生中平均会有 10 到 12 份工作。[12] 而且我们的社会对这个变化毫无准备，这实在是蛮有意思的，不是吗？大学替学生做好未来的工作准备，却没有为职业变动的创伤做准备。这一大块职业辅导的长期市场，正是帕特里克要征服的目标。从中可以赚到的钱很多，非常多。

"我是史上第一位职业教练，"他用平板的音调打断我的话，"我在 1970 年代就开始做了，早在其他人跟进以前。"

"很好。"我觉得现在已经把他引到正途了。他正在接受我的谈话框架（至少他没有提出他的），这给了我勇气继续说下去：你有一种天赋，任何人都看得出来。很多事都是学得来的，但是你和人相处共事的方式，也就是我在训练营里所看到的，可不是学学就会的。你可以看着一个人，而且真正看到他内心深处的能力。当我在训练营看到你时，我简直无法相信你竟然不是一位受过训练的心理治疗师。

"嗯，我是。我曾经做过。"

我的恭维起作用了，而且，谁知道呢？有极小的可能性，或许他可以向他的一些管理级渠道筹到一笔钱来雇用我呢。我接着说："但你不只是一位心理治疗师而已，因为你可以同时激励整个团体。这是某种'不是零，就是一百'的才华。你天生就独具魅力，那是来自内在的。"

他对着书架说："我知道，我有一种天赋。"

我尽可以委婉地说："问题是，帕特里克，你已经无路可走了。"那是他在《制胜点》（*Sweet Spot*）影片里说的话，也是影片的主旨——处理走投无路者的问题。

我接着说："就拿这次训练营来说，我到现在都还不知道你的计划、你的任务是什么，如果你想告诉我那是为了要触及年薪 65 000 美元的失业中层管理人，可以，对此我完全尊重。那是一群重要的人，如果你的任务是要和他们合作，我会尊重你。就是因为这样我才钦佩你的。"我想要暗示的是，他的行动可能和救世军（Salvation Army）没什么两样。他又在扭动他的脖子了，所以我只能看到他的眼角。

我又继续说："但那可不是利益所在。假如你想要赚钱，你就必须把目标对准年薪 10 万到 20 万美元的人。这也就是我能帮你的地方了。"

"但我们现在要谈的是芭芭拉·亚历山大。"他回应了，拍了拍他膝上的黄色笔记本。

"没错。我们正在谈她能为你做什么。"我一生中从未以第三人称来称呼我自己，不过这个才刚刚崛起的芭芭拉·亚历山大也并不真的是我自己，或任何我想认识的人。也许形象改造已经起了作用，也或许是帕特里克自己的哲学，也就是我在训练营里学到的：EP 的指数随着 PSWB 而变，意思是说，我内在的自信可以使我通过意志而征服这个世界。他显然有点不知所措，起身坐到另一张椅子上，好像要借此重新拾回他失去的权威一样。

我告诉他："我们来谈谈你的影片，有关'制胜点'的那个。这个片子是行不通的，制作品质很糟糕。再看看它的符号学吧——那是我们公关的用语。"我对自己的创意有点惊讶。"你有那么一大群本来应该要一起互动、受你启发的人，结果我们看到的只是他们的后脑勺。"

"我只有一台摄影机。"

我耸耸肩："这么重要的东西，你为什么不多做点投资？"

"但教室里的气氛非常热烈。"

"也许是吧，但观众看不到。他们一点也看不出你的魅力。"

他看起来似乎还能接受这一点，我就更得寸进尺地说下去了。既然我都已经开始了，除了照原定计划进行，还能怎么样呢？"另外一点是，我做过公开演讲的辅导训练。你做得真的非常非常好，但你还可以更好。问题是，你容易搞砸你的小故事，这些故事被你一说就没什么吸引力了，你没有抓到重点。这点我可以帮得上忙。你需要更明确的走向。"

他很困难地发出每一个音："所以……你……想……要……推销……我。"

如果不是他的口气阴沉悲哀，我可能会有点恼怒。刚刚的

20分钟他到哪去了？不过我要应付的，显然不只是严重的自我陶醉而已。我眼前坐着一个心情坠落到黑暗泥泞深谷的人，我想要拯救他。我也想把他推到这个被垃圾填满的谷底——这想法怎么来的？我身子往前倾说："听听看你自己说的话，当你那么说的时候，声音都微弱到听不见了！我在这里只看到消沉沮丧。"

假如他可以当心理治疗师，那我也可以。假如他可以用一个诊断分析就让辛西娅落泪，我也可以自己开张诊断书。当然了，他随时都可以说："听清楚了，这里由我做主，非常谢谢你。"然后把我的肆无忌惮踩碎在脚下。

"是我吃的安眠药在作祟，吃药后我就会变成这个样子。"

啊哈，又一个弱点！我现在有一种垂死挣扎的感觉，谁的伎俩会得逞？我又回头述说我的公关资格、辉煌的全国性成就，以及我协助推动过的事业。如果他还有力气敷衍我的话，或许他还能赢，他可以说："太好了，现在我要你到外面去，把这招用在一个真正可能雇用你的雇主身上吧！"或许还加上一抹宽容的轻笑。不过事实可不是这样，他总要为自己辩解一下。"你还没有见过我真正的天赋，"他比了一下小指的指尖说，"你看到的只不过这么多。"

我坦承自己对他天赋的实际程度实在是冒昧无知。

他说："你说了一大堆事情，但你对我的近况一无所知。"接着他又解释了一堆，这在训练营里一定早就嗤笑为"借口"了。他刚经历了一场牵涉到资产损失的"事业离婚"——三位长期客户突如其来地解约，他得先搬到这间小办公室直到找到新的房间。训练营的学员大多是年薪 65 000 美元的人，这对他来说也并非常态。他只是在训练营"精挑细选"来为他的ExecuTable拉人，这才是他真正赚到钱的地方。

这番辩解让他开始清醒，他再次企图夺回权力："但你是来这里接受辅导的，对吧？"

我可以真的很卑鄙。我可以要求知道"帕特里克的问题到底在哪里？"然后大声说："帕特里克！"就像那些训练营成员对无助的凯文大叫一样。但我只是继续进行我对他的计划。我提醒他，在训练营时，他提过自己正在写一本书，这可以是我们推销他的第一步。书什么时候可以写好？因为有这本书在手……然后我勾勒了新书的宣传计划：上奥普拉的节目、预定演说行程、来一场华尔街活动如何——也许，和一些最具号召力的人物共进午餐，由他来当主讲人？

"这些你都可以做？"

我向他保证绝对可以，而且作为一名公关或者活动策划，我每天做的事还不只这些。请问他能否略述一下这本书？

在我看来，这似乎是他最后一次能从席上站起来、重新夺回他教练宝座的机会。但他似乎不再对这场对决感兴趣，要不就是我根本从未吸引过他的注意。他开始说："假如一个人有一种天赋……"然后讲了几句让我觉得困惑的句子，无法记入笔记本。

我告诉他，我们还不到那个阶段。但是别担心，要做好一份可上媒体的简介，所需要的工夫几乎就像写一本书一样。而且，我还可以帮他写这本书。我会整理、编辑。没有出版商？没有经纪人？这些我全都可以帮他。我是很有渠道的。

一个小时的会面就要结束了，谢天谢地，我要先把这个事实说出来。我告诉他我不想再多占用他的时间，虽然很难想象这些时间他还能有什么事可做，谈话期间电话只响过一次——我注意到，电话另一端是一个低层次的人际关系联系人，打给我们这位自我标榜的职业辅导创办人。我从金伯莉那里学到的事之一就是：直接告诉别人你希望对方为你做什么。所以我告诉他两件事：第一，我要他考虑一下我的方案。我知道这必然很奇怪，没来由地冒出了这么件事，但我对这件事是相当认真的。第二，我要他让我进入 ExecuTable 的圈子里。

他最后还残存了一点点斗志。当我收拾笔记本和笔时，他向我宣告他可以在"表达"上辅导我。我的态度太"粗暴"了。

粗暴？在我看来，这个字眼用在一个刚刚花了一小时在哄骗、说服、推销的人身上，实在有点奇怪。

"你说了一大堆事，却对我的近况一无所知。你看起来很生气。"

我真是惊讶万分。我对帕特里克丝毫不觉生气——怜悯，当然有，还有对他的专业有某种轻视。如果我有任何罪状可言的话，那就是把"专注"这项夸大的企业特点做得过头了。我到这里推销自己，而且没有因帕特里克明显的不幸而改变计划；从人道的观点来说，或许是恶毒了点，但我想过，对一个为达目的绝不罢休、主动控制局面、高度专注的"专业老手"来说，这绝对是可以接受的。是的，我是利用了一个受到打击的人来磨炼我的自我推销技能，虽然我怀疑金伯莉可能不会赞同这个做法。

而且，我怎么会忘了？我是个女人。"粗暴"这个典型的男性字眼就在暗示，我在这里打破了一些可能属于亚特兰大的性别规矩。也许是那件"难以亲近"的合身衬衫。

但我一步也不退让，我对他说，那不是生气，而是积极。如果我说话太直接，我向你道歉，但我在任何可能的求职状况下还是会这么做：确切地告诉面谈者他们为何需要我，还有我能为他们做些什么？

"嗯，你还没有告诉我任何我不知道的事情。"

"没错，人们真正想听到的，只有他们已经知道的事。"说了这绝妙的机智回答后，我提出要付他钟点费，因为我已经用掉了他原可用来辅导的一个小时。他说费用是175美元，比他原先在辅导时间确认函中说的75美元多出许多，但我不予置评地支付给他，和他握手，提醒他我会在一周内给他打电话，然后转身离去。

所以谁赢了？如果目标是一份工作的话，我输了，但从我踏进他办公室的那刻起，我就知道根本不会得到工作。我告诉自己，重要的是，我成功地在那里卖力推销了一个小时，而这个理应具有优越洞察天赋、拥有这么难得的"人际关系技能"的人，始终没看穿这点。除非你把他最后脱口而出的那句性别歧视的刻薄话语算在内，否则他根本就是被奥普拉在他眼前跳舞的意象所骗，甚至被迷惑了。另一方面，他是拿了175美元的人，所以就残酷的收益观点来看，他是最后的赢家。

在开车回酒店的高速公路上，我体会到一位和平主义者第一次杀人后的感觉。是的，我心中充满了厌恶与反感。黏黏的汗液从我的手心缓缓流到方向盘上；一路上，周遭的噪音仿佛充斥着辱骂与谴责，一句一句打在我心上。但我真的做了，不是吗？我尝试推销自己，而且在长达一个小时的时间里，我表现得还不算差。我已经血染宝剑了。

第 **5** 章

和上帝攀关系

Networking with the Lord

　　我回到家才发现，这趟旅行含机票一共花了我 1000 多美元，我只不过赚了一支唇笔、一条粉底液和一把名片而已。事实上，我找工作已经快 4 个月了——原本预计此时应该是面试一个接一个的时候。我家前院的水仙花已经争先恐后地冒出头来，而我的现金储备也已经花掉将近 4000 美元，但比起 12 月刚开始时，现在的我离目标也没有接近一点。

　　我已经应征至少 50 家医药与保健相关的公司，而且遵照金伯莉的建议，我甚至开始主动联系一些并未刊登招聘广告的公司。例如，我找上一家刚刚创立、叫作"延长受孕"（Extended Fertility）的冷冻卵子公司。它之所以引起我的注意，是在一个与求职无关的情形下，通过一位新闻同业得知的。只要付出一笔高额费用，这家公司就可以让女人趁年轻时先将卵子冷冻起来，在适当时机但已过了生育年龄时，再把卵子移植回去。我写给这家公司的求职信里，表达了我对其企业宗旨的热忱，以及我在妇女健康议题上的丰富经验。后续我又以更多的电子邮件和一通电话联系对方，结果该公司告诉我他们目前不需要公关人员。我再打了一次女人牌，找到并应征了一家叫作"对女人坦率"（Frank About Women）的公司，它"致力于帮助公司创造与女性丰富并持久的品牌关系"，但还是没有下文。

情况更悲观了，我联系了一家叫作"聪明屋"（Brighthouse）的神经营销（neuromarketing）公司，在一篇题为《美国十大烂公司》（"The Ten Worst Corporations in America"）的文章中，这家公司榜上有名——他们的目标是把神经研究应用在广告上，越过意识理智，到达大脑的快感中心，直接引起客户的购买欲。显然，不管聪明屋的人知不知道，他们都需要我的帮助。我的求职信一开场就十分响亮：

近来一篇登在 zmag.org 上的文章把聪明屋列在"美国十大烂公司"榜上。在我读来，文章对于贵公司发展的神经科学研究，具有高度的偏见。您或许想对此谤言置之不理，又或许，您应该重新评估贵公司的公关策略。

不过这封信无法让他们心生恐惧；网站上列名的公司负责人中，也没有任何一位肯接我的电话。

除了在网上搜索，我唯一能做的事就是继续社交——活动安排比之前更密集，而且重新包装过。若说我从和普莱斯考特及帕特里克的会面中学到什么大教训的话，那就是我必须变得更纤柔、更女性化，而且要"平易近人"。所以我前往安·泰勒服饰店，就在离我家约 3 公里的商场内，我相信他们比我更知道怎样才能看起来像个职业女性。一进去，我立刻就看上了一套棕色的长裤套装——不是黑色，这套衣服具有平易近人的弧形翻领，而非直线翻领，而且打对折，大约 160 美元。附近的商店有卖一对 15 美元的金耳环，虽然我知道该买一条金项链"来营造整体感"，却没有一条让我满意。对这条寻觅未果的金项链，我想要传达的信息应该比较像普莱斯考特的建议：请来找我吧，我一点也没有恶意呢。

接着，我该去哪里社交呢？答案已经以古怪的形式自己找上门了。在帕特里克的训练营时，某次休息时段我正要去洗手间，有位男士在途中把我拦住，他个子矮小，从尖尖的秃顶到络腮胡满布的下巴间刚好形成一个完美的三角形。他是帕特里克个别辅导课程的成功毕业生，从一个被公司裁员的人，转变成一家炸鸡连锁店的经营者。他说："假如你要找可以社交的地方，就要到哥德尔（Godel.com）去看看。"然后他在名片背后写下网址给我。

那一瞬间我颤动了一下，感觉像是早期品钦（Thomas Pynchon）小说里的一个人物，在一段永远解不开、只会越来越复杂的情节里，突然间得到一条珍贵的线索。每一个科学痴都知道哥德尔不完备定理（Gödel's Theorem）：没有任何一个数学体系是一致且完备的。这是一种后现代主义者的警告——就在你把所有事物都组织成一套美丽的理论时，你才发现漏了某件事情，而这总是让我充满了强烈的挫败感。我非常诚挚地谢谢我的线人，然后把他的名片塞进我的口袋。

我在家准备洗这条休闲裤时，又看到了这张名片。哥德尔网站的首页登了一则短文，向美国在伊拉克的驻军致敬，再点几下我就看到一个日程表，除了周末之外，每天都记满了给亚特兰大地区求职者的社交活动日程。你可以看到多数日子都在修尼餐厅（Shoney's）或其他类似的地点，7点半或8点的早餐联谊会；在当地教堂也有午餐联谊会或晚间聚会。就这样，都帮我安排好了。和亚特兰大再较量一场，已在所难免。

我又回到那间一晚59美元的酒店，我决定要先确认第一个社交活动的地点，免得又徒劳无功地在郊区间往返。哥德尔网站上没有列出各个社交团体的电话，所以我就打去页面上列有电话的哥德尔会计师事务所，不久就和莱蒙·哥德尔（Laimon Godel）先生本人讲上话。他为网站的缺失道歉，并热忱邀我参加"一场真正的社交活动"——明天的一场午餐联谊会。在那里我可以和当地商界人士交流，而且毫无疑问可搜集到许多门路和消息。他说："你可以以我的嘉宾身份前来。"我把这件事看成是我在社交上真正的一大胜利，或至少在电话社交上是一项胜利的证明。

诺克罗斯团契午餐会（Norcross Fellowship Lunch）的地点在郊区的修尼餐厅，一下高速公路就到了，接待人员把我带到一间标有"NFL"的边间。"这是全国橄榄球联盟（National Football League）吗？"我兴高采烈地问房间里唯一在场的白发男士。没有反应，他以前一定听过这个问句好多次了。所以我更严肃地再试一次，介绍我的名字与目的：迁居到亚特兰大，找一份工作。这样至少引出了他的名字，拉里（Larry），还有他开了一家洗车店的信息。

我问他："你会需要一位公关吗？"试着恢复我那诱人的语调。他眯眼看我的样子，让我想到"公共关系"这字眼可能带有情色意味，也许是"关系"这个部分吧。还是我的套装有问题，或许有点太过盛装，因为拉里穿的是那种年长好男人式的便装。但还好其他人也到了，拉里变得比较直率，建议我们先到自助餐厅去拿一些菜。我被拉里的第一个选择吓了一跳：一盘鼓起的生菜，上面盖满了罐头水果沙拉，再加上一层干巴巴的灰色汉堡肉，千岛酱从上面缓缓滴落下来。

面对餐厅的方向有几张长桌，桌旁的椅子渐渐坐满了人，大多是白人男性，也有一些女性——竟然没半个穿黑色衣服的人。我尝试和年纪较大的马克（Mac）说话，他坐在洗车的拉里旁边，介绍自己是位作家。我问："你都写些什么？"然后他递给我一本薄薄的、小册子大小的书，《超值：商业与专业成功的十大原则——石刻铭言》（*Mega Values: 10 Global Principles for Business and Professional Success——Written in Stone*）。他解释，这十大原则就是十诫，他把它们转译成给商业人士看的实用指南。

当马克转身和刚来的人打招呼时，我打开书，发现第一

诫——"除了我以外，你不可有别的神"，被译成"对权威表达
适当的尊重"，比如对你的老板。这和原文似乎有点冲突，因为
世俗的权威者有时可能与神格格不入，实际上还可能敬奉财神
这个伪神呢。

现在马克在和别人说话，不多话的拉里埋头在他的汉堡沙
拉里，我只好转向坐在我右边的人，他看来显然比这里多数人
都更属于中上阶层——一位 IT 人士，然后我才知道，原来他也
主办为求职者所设的每周晨间课程。对我有没有什么建议？他
告诉我，可以去研究本地的商业报纸，而且，和金伯莉所说的
一样，要避免浪费时间在我的求职伙伴身上。很意外地，他也
建议不要雇用职业教练——"免费的信息太多了。"

"你是说在网上？"

"嗯。"他没多费唇舌解释。

"这里为什么大多是男士？"我大胆地发问。

"这些团体大多是男性发起的。跟宗教有关。"

我想问这是什么教，但还是决定腼腆地说一句："你确定我
可以在这里吗？"我多希望我的"主人"——莱蒙·哥德尔先
生，能够赶快出现而且表明身份。

"可以啊，现在什么人都可以来。而且对你来说，这是一个
完美的社交场所。你在这里可以看到好多真正的商界领袖。"

他继续吃东西，但社交这个字眼让我想到了《联结不止》
里的建议，要以新闻里的某件事情来维持对话不断。"所以，
嗯，IT 产业外包到印度对你有没有什么影响？"

"没有，我觉得这也不失为一件好事。让印度人去做那些简单的东西。美国人应该要学习做些新的东西。"

我为自己设定了平易近人的女性化类型，却想不出符合这类型的回应方式，所以我只好搪塞了一句赞赏的"嗯"，并问他是否认得出莱蒙·哥德尔。他说："就在那里。"并指出一个在房间里到处与人拍背寒暄的圆脸男士。我起身向莱蒙自我介绍，但这时聚会突然正式开始了，和蔼可亲的莱蒙站上讲台，介绍自己是数座活动房车营地的拥有者与经营者，他大喊："赞美主！"

在这个约有 50 人聚集的房间里，不少人跟着附和这句话，连同"阿门"一起唱和。莱蒙继续说："我们至今已经聚会 15 年了，我知道上帝每回都与我们同在，因为《圣经》上说，无论在哪里，有两三个人奉我的名聚会，那里就有我在他们中间。"现在一个穿着醒目条纹毛衣的人上前致祝辞，其中一句祝福是，要求大家为前去捷克斯洛伐克（Czechoslovakia）担任传教士的亚特兰大人祷告——我不由得注意到，那个国家自 1993 年起就不存在了。不管那些传教士是去哪里，观众里有一名高大的白发男士举起右手，掌心朝上，闭着眼睛，做出祷告的样子。

这个负责致祝辞的人开始说起一段冗长、曲折的故事，内容是关于一个垂死的人、一位医生和一只狗。这个故事的由来是"魏纳伯教练"（coach Venable）临终前所送出的最后一封电子邮件。就我所知，它主要讲的是我们对死亡没有什么好怕的，但我没办法确定，因为这实在是一段冗长又抓不到重点的故事。莱蒙再度站上讲台，而且完全出乎我意料，他开始讲《新约》里最煽动人心的部分，也就是有关财主和针眼的部分。这场餐会会在每个人都掏空腰包、赶去救助穷人的情形下，突然告吹吗？不，重点似乎是，信徒们"害怕可能必须放弃所有"，但耶稣教导他们，他们其实不需要放弃那么多事物。"赞美主！"莱蒙说完了。

也许我早该从团契（fellowship）这个字眼就猜到了，在这张蓝色的节目单上：NFL的"使命"乃是为了"提供商界基督徒一个场所，使他们得以分享上帝在个人生活与专业工作上如何感动其生命的故事"。也真够尴尬的，我坐在前排，正好在讲台前方稍偏的地方，任何不当的脸部表情都会被一大半的观众看得一清二楚。至于半途离席，比如快速瞥一下手表，假装好像想到同时还有另一场约会一样，这只会被诠释为一种公开声明，而且还一定是异端的声明。

再说，活动已经进行到邀请像我这样的新人做自我介绍了。我说了我的名字，还有我在考虑要迁居亚特兰大，而且正在找公关工作。另外几位求职者都表明了身份及他们希望找的工作——主要都是会计和IT方面，不过多数新人都已是稳固的商界人士。一位穿西装打领带的人宣称他想要为市区的律师们建立一个类似的团契，因而得到热烈的掌声。从现场的一片"哦"与"啊"声中，可以看得出来，比起在捷克斯洛伐克劝人改变信仰，这任务的风险可毫不逊色，而且光是提到律师这个头衔，中间还穿插着一些嘲讽声呢。再回到莱蒙，他"只有几句话要补充"，他评述说："多么混乱的世界啊！在这个世界，我们可以辩论男人是否能和男人结婚（观众里有人咯咯轻笑了起来）……我们可以有一个说我们不应到那里（我假设他指的是伊拉克）去的总统候选人。对这种人你还能怎么办？"

在他回答自己的问题前，现场在他的扫视下，有一种预期中的宁静。"鞭打他们！"他离题谈到，或许这么说不够政治正确，因为有些人会告诉你，这个时代你不可以管教自己的小孩，但有些情况下你实在必须这么做——鞭打他们。这番言论引来了一阵笑声和一些满意的耳语声，马克的叫声惹得大家更加兴奋："逮住他们，我们南方人都这么说！"赢得热烈的掌声。

耶稣会怎么做？——起身复活，并公开谴责这以他之名大肆宣扬的民间虐待狂？我决定板着脸继续保持静默，除非我要引人侧目，否则别无选择。不管怎样，他们现在相信大家都已经感觉自在而且心连心。该是主讲人约翰·怀斯（John Wise）的时间了，莱蒙介绍他是位房地产中介以及"胜诉律师"。怀斯是一位非常英俊的高大白发男士，穿着一套一看就知道很贵的西装，让我不禁期待听到一场精彩的房地产业行情演讲。他开始先祈求上帝赐给他今晚演讲所需的话语，不过悲哀的是，这个祷告被上帝完全忽视了。他说起话来结结巴巴，还不时看看许多大小、颜色不一的手写草稿，开始叙述"上帝在我生命历程里运作的三大阶段"。第一阶段是1981年他改变信仰的经历，当时他"感动得跪倒在地，接受了上帝"。这样的谦卑对他来说并不容易，因为他是个得克萨斯州人。"来自得克萨斯，就好像生来便是红发、秃头或犹太人一样。每个人都注意你，而你永远也改不过来。"每个人都为这段露骨的妙语而轻起来。

上帝在怀斯生命历程里运作的下一个阶段，和他的妻子劳里（Laurie）有关。有一天上班时她打电话给他，说她很害怕，有四名吉卜赛人在后院。他火速开车回家，她指着窗外靠近树林的地方说："在那里。"然后指给他看一个戴着红帽子的吉卜赛人，和另一个穿着黄裙子的吉卜赛小女孩。现在，大家都屏息以待地看着他。"但你们知道吗？"怀斯说，"那里根本没半个人。"

原来劳里患有"震颤性谵妄症"（delirium tremens），是因为某次小手术须短暂戒酒而引发的后遗症。我们知道劳里本身已经"获救"，但怀斯坦承，她一直都还是很"自由不羁"，这让我稍稍觉得对她有些许认同。总之，如我们所预期的，怀斯经历过许多"苦难"，迫使他向上帝祷告，让他得以"开启他的心灵，并让他爱不容易喜爱的人"——也就是劳里，从那之后，她就被上帝拯救了。

最后，上帝对房地产产生了兴趣。怀斯说了一段很长的故事，提到在一次偶然的际遇下，上帝带领他成交了一笔1亿3100万美元的交易，造就他现在这么富裕。这个机会的出现，是通过一封显然没什么希望、来自 Hotmail 的邮件。这段话引来一些观众的窃笑，我猜是因为 Hotmail 并不是企业的名称。

更糟的是，那个人的名字叫作芬克尔斯坦（Finkelstein）[*]。怀斯暂停了一下，等着现场的笑声平息。

在莱蒙上前致最后的祝词后，我跳起来收拾东西。假如这些自我吹捧的商界基督徒想要聚在一起祷告并交换名片，我对此没什么问题。假如他们想要利用这样的聚会来嘲笑不同宗教、性向或政治倾向的人——好吧，那也许是他们自家的事。但是当这聚会通过广告，告诉宗教或性向不明的求职者（例如像我这样的人），说这是通往成功受雇的途径时，这就显得有点过分了。有两个人向我要名片，但我没有留下来聊天。我只想逃出这个地方，自由的幽灵在此伪装成穿着明艳、肤色黝黑的陌生人，于后院神出鬼没。在此，"芬克尔斯坦"算是个笑点。

这并不是我第一次冒险进入所谓基督教与商业文化交错的广大领域里。碰巧这块交错的区域近年来快速扩大，包括职场事工，像可口可乐和英特尔这种大公司里的员工祷告团体；商界基督教人士和其他社区领袖的社交网络；还有越来越多公开的基督教企业，甚至在他们的产品上印了一只小鱼符号以作区别。根据《纽约时报杂志》的报道，1990 年有 50 个职场事工联盟，现今则有上千个。¹ 求职者很可能在像诺克罗斯团契这样的活动中遇到基督教商业文化——表面是商业聚会，实际上是崇拜仪式。他们或许也可能被拉去参加以教堂为根据地的聚会，

---

* 与科学怪人（Frankenstein）发音接近。——译者注

宣传说是一场为失业人士而设的社交活动，但实际是为了劝诱改变宗教信仰的场合。两个月前，我到弗吉尼亚州北部，参加麦克莱恩圣经教会（McLean Bible Church）每周聚会的职业事工，我从网站上得知这活动，同时还看到一则让人印象深刻的"成功故事"：

> 只要我还认为社会工作机会不足，我因技能生疏而大不如前，那么我就不可能找得工作。所以我开始抱持肯定的态度，描绘我心中完美的工作、我想要的工作环境、经济安全感，以及我心目中理想的老板类型。然后我就把整件事交托给上帝。我每天都这么肯定地说一次，感谢主赐予我所求的一切。我恳求这一切在 7 月底就有消息，9 月前就能大局底定。两周内，我收到一位朋友寄来的电子邮件，上面有招聘专员的名字与电话。接下来就是一段信仰与信念的美好故事。我打电话给这个人，在 7 月 29 日参加开放日活动，然后立刻就被录取了。

它所传达的信息就是，加入我们，不久你和上帝的交情就会好到可以对祂下最后通牒。

在我参加该教会职业事工的那个晚上，宗教的意味相当低调，而且完全没有教派门户之间的敌意。这个聚会由迈克（Mike）担任主席，刚开始我还误以为他是牧师。他对这个错误似乎感到很惊讶，好像我在路上随便找一个曼哈顿人，然后问其是否就是市长一样——因为麦克莱恩圣经教会相当大，几乎是一个小型城市的大小。你开进一座大得足以当中型机场使用的停车场，然后进入一个可容纳一间酒店或一间气派银行的中庭，在这个三层楼高的迷宫中，服务台有人指引你到达目的地。[2]

迈克开场就解释："本教会的使命乃为我主耶稣基督，在这凡俗的华盛顿产生巨大的影响。"但似乎这凡俗的华盛顿已先对该教会造成巨大的影响了，因为我在大楼里闲逛时发现，虽然这里有一间"礼拜堂"（排满基本款靠背长凳的礼堂和讲坛）、一间自助餐厅、一个运动中心，等等，但我看不到一丁点宗教的象征性物品——没有十字架、耶稣、天使，什么都没有。我们一开始先祷告："我们知道祢对我们的生命都有一份计划……感谢祢，天父，为我们预备了这么多。"在这种情况下，为此感谢真的很奇怪。休息时间我们可以自由进行非正式的社交活动，有两位求职同伴都是具有计算机相关技能的中年女性，她们坦承在经过数个月徒劳无功的求职后，必须搬回家与父母同住。

在我们半小时的社交时间里，我和一位保诚公司来的招聘专员打交道，他在这个聚会里到处游走寻找业务员，只可惜找的不是公关人员。我有点取笑意味地问："你为什么不在家仔细钻研一下 Monster？"因为我突然想到，假如那些求职网站真的管用的话，那一切社交活动就没有必要了。他说："雇用来自求职网站的人，根本就是在冒险；你不会知道这些人是好是坏。"我继续问他，在这里很快地跟某人面对面见过，这样又能有多少了解？再说，你终究还是得和他们面谈一次的，不是吗？但我仍旧得不到一个明确的答案。

麦克莱恩圣经教会职业事工联谊会的真正主旨，是由另一位教会义工莉莎（Lisa）来介绍，她看起来很瘦小，紧绷着脸，穿着正式套装。她在手册里的档案是这么写的：

> 我相信耶稣是我的主与拯救者。我来到这块平安喜乐之地的旅程，是经过试炼与磨难的。我发现自己以寻求者的身份来到职业事工的门前，常常怀疑自己所寻的到底是什么——我前来求职，结果找到了生命——我具有人力资源的专业背景，在服务业、零售业和餐旅业有 11 年以上的经验。

这里可一点都不像平安喜乐的地方。整个过程大半时间大家都是在屋内四处走动，宣报自己的名字和职业，而莉莎的举止一直让我分心。她站在靠近前面的地方，虽然她不太是全场注意的焦点，但她的脸部表情变化多端——例如把头歪向一边，面带一种滑稽噘嘴的怪模样，然后突然转回写着我们名字和抱负的纸上，故意皱着眉头，然后又很快地变成不高兴的样子。你可能会以为她是一个被送到地球的外星人，有一张脸部表情的目录，却没有该在何时应用的说明书。我想，她只是在找一张正确的企业面具。

晚上结束时，她匆忙跑到讲台中央，并尝试做出一副极其严肃的表情，撅着嘴巴，不久后又换成一种不好意思的谦卑表情。宣告内容主旨是说我们应该购买讲道 CD，里面收录了牧师对于度过艰难时期的讲道，还包括他广为人知的伊拉克战争布道。这张 CD 对莉莎的祷告很有帮助，两周后，她就收到两份工作的聘任函。就我眼前所看到的，没有人买这张 CD。

那天晚上我回到酒店——是个很简单普通的地方，离杜勒斯机场（Dulles Airport）很近。我很讶异酒店房间和教会竟如此相像，不是表面上相像，而是某些潜在的审美观——简单的线条、中性色彩、便宜耐用的家具，以及毛超短以利清扫的地毯。多亏了墙上模糊的印象派图画，使得房间比教会多了些生气。在精疲力尽的状态下，我感觉这样的审美观似乎弥漫在我所进入的每一个社会层面：以列表为主而无叙述的简历、高速公路边像汽车旅馆的教会、算计过的微笑、压抑感官的服装、精确的讲义和无数的 PPT。

这些完美的工具和手段，或多或少都行得通，让很多事都能达成：赶上截止期限、做好预约、准时交货、地毯确实保持得斑痕不染。但也有东西就此失落。马克斯·韦伯（Max Weber）把现代社会描述成"去魅（disenchantment）"，意指"神明尽去"，或是缺乏任何新奇与神秘的特点。正如杰克逊·李尔斯（Jackson Lears）所说，现代化之前的人抬头看，就看到天堂；现代、理性的人却只看到天空。对此我们还要再加上一句，今日冷酷专注的商业文化宠儿根本连头都不抬。然而我们要如何了解商业界不断发展的基督教文化？它会导向更亲切、更温和、更让人深切省思的商业文化吗？又或是宗教必须改变，变得更像那完全功利主义的麦克莱恩圣经教会——一个超然与美好都已枯竭的地方？

　　麦克莱恩圣经教会的冒险行动并没有什么结果——一个乐意搬迁到任何地方且"经验丰富的公关专业人才"，连个小道消息都没着落。活动结束后，我上前去询问主讲人迈克有没有什么建议。他给我另一位帮得上忙的教会义工的名字，不过这个人并没有回我电话或电子邮件。诺克罗斯团契也一样没什么助益。不过，我不能因为这两次不好的经验，就将以信仰为基础的求职方式一笔抹杀，何况在亚特兰大这个地方，教会似乎是严肃的社交场所。

　　诺克罗斯团契之后，我的下一个目的地是在巴兰山上帝教会（Mt. Paran Church of God）举行的"人生十字路口"求职者聚会，这也是从哥德尔网站得来的机会。这个教会跟麦克莱恩圣经教会一样，也是一个大型的多功能服务中心，但规模稍小一点。入口处未设服务台迎接，只有一长段灯光微暗的走廊。我到处游荡想要找个人带路时，有三个身形中等、看起来很调皮捣蛋的小孩，从黑暗中尖叫着冲了出来。他们不会知道聚会在哪里举行，然后又继续他们的追逐。走过标有 ESL 会议、托儿室，以及妈妈支持团体的房间，我很惊讶所有这些以信仰为基础的社会服务，很明显地代替了公共或非宗教的社会服务。最后，我遇见一个在扫地的义工，指点我来到聚会的教室。这是一个奇怪的地方，前面是一间假房子，以满布天竺葵的窗台盆景装饰，四周围绕着假盆栽。事实上，这是一个舞台布景。门口有张桌子，上面放着几盘甜饼、几罐汽水，以及一叠手册，一位义工告诉我可以自行取用。

由于我在教会里闲逛，所以迟到了几分钟，有一位从名牌得知名叫安娜（Anna）的女士，已经在台上讲话了。除了教会的义工之外，只有十个人到场，他们似乎都太专注于台上的介绍，所以我进来时没有人打声招呼，连点个头都没有。但听讲已经没有必要了，因为安娜正在介绍我们手上的手册，谈到对求职者有帮助的一些网站。她讲话时，讲台两旁有两个屏幕列出了这些网站，所以我们从三个不同的来源得到同样的信息：安娜、手册、屏幕。我全神贯注于安娜身上，注意到她那精心配置的暖褐色调套装——是不是所有女人到了一定的年龄，都规定要穿暖色系的衣服？

她提到的一个网站引起我的注意：Jobfiler，可以为你做求职的规划——你的联系渠道、面试等。我至今学到的是，找工作几乎就是一种职业，或至少是一项全职工作；而现在，这种职业同样也面临技术老化的问题。根据我的经验，任何承诺可以为你"规划"生活的事，都比继续挣扎于原来的困境还要费工夫。不过，想象把我这徒劳无功，而且越来越杂乱的工作交给 Jobfiler 来做，实在很诱人。又或许，我可以在印度硅谷班加罗尔聘个低薪的人来帮我找工作呢！

结束手册的内容，安娜劝告我们不需因自觉缺乏技能而绝望，因为"一般人有8到12种技能"，不过她并没有提到这些技能是什么。我越来越不耐烦，很想问她用筷子吃东西算不算是一种技能，但没半个人发问。我的求职同伴们的脸部表情，在我看来对演讲还算专心，和我在每个地方看到的求职者一样，都是一副固执、被动的表情。或许他们担心只要稍微露出一点无礼的迹象，就会导致有人保留珍贵的消息不愿分享？安娜结束时以一句话来勉励我们，要永远记得我们的价值："历史上最重要的人为你而死。"荧幕上的影像从那活泼的主页转变成深蓝色，传递"在基督里，给世界希望"的信息。

我希望赶快进行到社交阶段，可以和求职同伴们见面，发表我的抱负，或许再探出一两个门路，毕竟这才是此行的主要目的。但安娜宣布现在是"见证"的时候了。一位穿着高领衫与夹克的白发男士，开始述说一段长达半小时、有关他与上帝之间的生命故事。他在IBM待了30年，之后转到一间较小、较活泼的互联网公司，结果2001年被解雇。那是一段艰难的时期，他的很多朋友甚至一年多都没有面试的机会。幸运的是，上帝有时会插手相助，提示他接受施乐（Xerox）公司的工作，尽管薪水低了很多。不管怎样，他还是全力投入这份工作，一周7天，每天工作12小时，这都还好，直到施乐要他接受更进一步的减薪。

到目前为止所发生的事件，可能让我导出的结论是上帝并没有太专心，但主讲人的信仰仍旧很坚定。有一天他和一位朋友一起祈祷，突然感应到上帝要他接受之前应征的一份工程类工作。他知道此时上帝与他同在，因为当犯罪的时机出现时，现在他都能够坚决地说不；但是以前不那么信主时，就绝对不会拒绝。无论如何，他得到了这份至今还保有的工程类工作。所以结论是："永远不要忘记，上帝可以大幅改变你的处境。"

已经 8 点多了，我实在饿坏了。正考虑要走人时，一个叫弗朗索瓦（François）的人接着上台，要求我们都过来围着他坐成一圈。这一定是社交要开始了，而且在场人数这么少，大家应该有很多机会可以交换心得。不过，事情可没这么好呢，他开始了一段我现在看得出来是"求职 101"的演说：电梯演说的必要性、一份精炼的简历，当然还有社交、社交、社交的必要性。他坦承社交在生活中是多么重要，我们应该在幼儿园和小学时就被教导如何社交。而谁应该是我们社交的第一个目标？上帝。

对不起，这对我来说已经太过了。我以一个无神论者的身份，忍受了诺克罗斯团契，而现在，在巴兰山上帝教会里，我发现自己是个信徒，而我所相信的是这个：假如上帝真的存在，假如有一个有意识的存有，它的思想即成宇宙——旋转星系、投掷陨石、创造并灭绝物种，假如某个这样的存有真的显现，你不会和它"社交"，就像你不会在燃烧的荆棘上点烟一样*。弗朗索瓦犯了亵渎之罪。就我所知，他贬低了这个宇宙。

---

* 《出埃及记》中，"耶和华的使者从荆棘里火焰中向摩西显现，摩西观看，不料荆棘被火烧着，却没有烧毁。"神通过异象，把带领以色列人出埃及的重任交托给摩西。——编者注

我起身收拾好笔记，安妮（Annie）、朱迪（Judy）和安娜三个主办者惊慌地看着我。当我向门口走去时，安妮急忙跑来问我："还好吗？你会再回来吗？"她和我走到楼梯口，甚至还和我一起走下楼，自始至终都紧勾着我的手臂。"明天早上你应该去参加周界商场（Perimeter Mall）的求职者聚会，"她坚持地说，"有什么好处呢？因为有一些人力资源招聘专员会出席呢！"地点是在福德洛克（Fuddruckers），她慢条斯理地把每个字说出来，也许是为了避免把字说反了："7 点半开始，在商场 10 点开店以前就可以离开。"

　　我离开教会的时候，一直想着绝对不要去周界商场的聚会，因为到目前为止，我的教会求职遭遇只让我深觉反感，不过"虚荣心"可能是比较正确的神学用语。在求职前线上，没有联系渠道、没有内幕消息，一点进展也没有。但是有两件事促使我前往周界商场：第一，安妮提到我可以搭地铁前去（酒店旁边正好有一站）；第二，我在凌晨 4 点 45 分这种鬼时间自然醒来，没有借口可找。

　　当我 7 点 32 分进入餐厅时，一位演讲者已经开始了。大约有 40 个人坐在环绕临时讲台的小桌子周围——一如往常，大多是白人，且几乎全是男性。因为我们的主讲人是位律师，他开场先讲了一个律师的笑话：高速公路上的一只死狗和一个死掉的律师之间有什么差别？狗的前面有刹车的痕迹。一个 50 多岁、穿着休闲服的男士（毕竟今天是周五），被介绍上台为我们做见证。这个见证一直追溯到童年时期，他表明自己拥有钟爱他的双亲，但在他出生的家中，"没有很多私人的关系或沟通"。因而，在运动时、学校里遇到一个不错的女孩……林林总总之后，他的婚姻失败了，使他掉进了抑郁的深渊。他又结了一次婚，但他知道他还是没有改变。

接下来的情况变得更含糊，而且更复杂。他交了位朋友，这位朋友非常聪明，而且对他"产生兴趣"。他们常常争辩，他太太甚至担心他可能冒犯了那位朋友。然而，是这位朋友介绍他认识了《圣经》："我不能和《圣经》争辩。它就是有道理——有很好的常识。"

我试着去想《圣经》中哪些部分可以被合理地指认为"有很好的常识"，但我失败了。或许我们的主讲人指的是某一种《圣经》，那是已经被净化成奇迹似的内容，以便商界更容易消化的版本，因为就我所知，宗教的责任并不是要"有道理"。他现在又离题讲到但以理（Daniel）的故事："神对他感兴趣，就投入他的生命里。"他下结论说，假如神能为但以理做事，那么或许祂也可以帮助他。"我刚刚才明白，神可能有兴趣给我一份免费的礼物，而且我一直都对免费的东西感兴趣。"

很不幸地，对听众来说，并没有显著的改变发生，也没有炫目的启示。他继续叙述，听起来像是即将发生的事情——他如何祷告，又和朋友争辩，总是希望神送给他免费的礼物。最后，我们的见证人以好消息结束，感谢他心灵的苏醒，现在他和第二任太太"关系良好"，这场婚姻仍旧维持着。

到目前为止，我在教会所听过的见证里，上帝总是事必躬亲地忙着管理每一份职务和每一个人的一举一动：建议该追求什么样的工作，甚至促使重要的电子邮件送出。在一次谈话中，有一位求职者暗地里对我说，上帝插手让他没有卖掉房子，至少他认为房子没卖出去是个"征兆"。即使一开始并不明显，每件事情的发生都是"有理由的"，而且想必都有善意的理由。这个永远都在管闲事的神明意象，符合了理查德·桑内特认为用"叙述"来解释一个人生活的必要性。他写道：

> 不只是简单地记载事件的发展史，它还赋予时间向前运转的形式，为事件何以发生找理由，显示其因果关系……（但）一个由短暂的弹性与变迁……所界定的世界……经由叙述，不管在经济上或社会上，都没有太大的贡献。[3]

如同桑内特所指出的，我们从职业的叙述里，想得到的是某种道德的推动、某个有意义的故事，可以告诉我们的孩子。古老的说法是："我很努力，所以我成功了"，有时则是"我搞砸了，所以我失败了"。但一个努力了半天，却只偶尔得到报酬的生活——努力工作却落到被裁员的地步，然后这个过程又不断地重复，直到衰老迫使你再也找不到一份像样的工作，这就需要一个更费力的解释。你要不就是去寻找塑造你生活的体制性力量，要不就是把你职业生涯中不可预测的起起伏伏归之于一个力量无限、永远关照每件小事的上帝。

这时群众人数已经加倍了；或许这些刚到的人事先就知道要避开这场见证。有些刚到的是女士，每个人都穿着最佳的职场装扮，大红色。在电脑播放一阵响亮的音乐之后，主持人简短地谈到和耶稣基督维持关系的必要性，有几个义工赶忙一桌一桌地发放包括《诗篇》与《箴言》的袖珍型《新约圣经》。现在我们要加入在房里各角落的"突破小组"，看你是对"杂乱何以是上帝恩典的障碍"、"找到平安与喜乐"，还是对"走向成功生活的神路"有兴趣。我笑着对同桌的伙伴们（三位极其愁闷的中年男士）说，我当然应该去"杂乱"那一组，但他们连对我微笑一下都没有。

结果杂乱是最受欢迎的小组，所以我就转到由杰克·皮尔格（Jack Pilger）牧师带领的"成功生活"那一组，至少在那里我还可以找个位子坐下。我尝试用社交式的微笑对我同桌的新伙伴帕特（Pat）笑，但唯一的效果竟是让他站起来，一转身就跑掉了。不过没过多久他又跑回来，拿了一份讲义给我，上面是出自《哥林多前书》里有关爱的著名篇章，上面的动人诗句写着："我若有先知讲道之能，也明白各样的奥秘，各样的知识，而且有全备的信，叫我能够移山，却没有爱，我就算不得什么。"或许这终究也算是一抹成功的微笑吧！

杰克牧师让一位求职者大声地把《哥林多前书》的内容念给我们听，并邀请我们这周日到他的教会重申誓言。我希望多听点关于"爱"的讨论，或许对为何"可以投身火海，但假如没有爱，这也算不得什么"的神秘美丽之处做个解释。但杰克想要谈的是"卓越"，这个论点以一个故事为例，诉说一位受到感召而传道的全残人士，建立其独特的福音热线，因此有了辉煌的成就。杰克本身并不好看——身材矮胖，但重点是，利用福音热线人们就不须看到这个有缺陷的人，他的缺陷会让人"分心"。假如要给身障求职者某种信息的话，这可不完全是令人振奋的信息。

就在这时候，一位可能的社交目标抵达了。一个年轻的亚裔，我从名牌上看到他的名字是"汤姆·它"（Tom It），他在我旁边坐下，对我微笑，又和我握手。我们小声地彼此自我介绍，我才知道他姓张（Chang），而"It"实际上指的是"IT"（信息技术）。当杰克还在继续讲卓越这个主题时，汤姆忙着在印有《哥林多前书》章节的讲义边缘涂鸦。我看得出他是一个爱整洁的 IT 男，他画了一个圆圈，里面写了"你"这个字，另一个圆圈里则写着上帝，用双向箭头把两个圆圈联结在一起。突然，他靠向我，盯着我正啃着的蛋白质营养棒，小声地说："你一天可以吃几条这个？"我把卡路里成分（有 220 卡）指给他看，然后说或许可以吃 10 条。他问："所以，是用卡路里的量来决定？"

现在，卡路里和《哥林多前书》两者之间，我完全搞迷糊了。但汤姆和我互换了名片，并同意要分享任何遇到的相关联系渠道。现在已经快 9 点了，我们要回到房间中间重新集合，我这才注意到莱蒙·哥德尔，他可能一直都在这里操作电脑制造音效。

　　我们每个新人都要说一小段话，只是提一下我们的名字和要找的工作性质，所以我得知原来我身处于各行各业之中，有会计经理、系统架构师、金融服务业者、系统测试员，还有其他我只能模糊想象其日常业务的人。这段自我介绍说个没完没了，总共大约有 80 个人起立宣布他们的职业。

　　剩下最后半小时的时候，现场出现一种嘉年华的气氛。主持人正在讲职情信息的分配，这些几乎全和 IT 有关，莱蒙还以音效来配合——喇叭吹奏声、汽笛的噪音，还有笑声，这些显然让在房间前方开会的人感到很高兴。有人提到马萨诸塞州，引来了会心的笑声，我猜是因为马萨诸塞州立法当局这周一直在讨论同性婚姻的议题。主持人加入这些笑声的行列说："我还做过更糟的事。我以前还住在农场呢。"

　　大家在笑——因为这个人兽交的自豪言论而笑吗？我瞄向邻桌一位有点阴柔气质的男士，以这样的场合来说，先前他那派头十足的黑皮夹克、白色高领衫和黑色窄筒牛仔裤的打扮，就已经引起我的注意了。他脸上有一道微弱而勉强的笑容。

　　在最后的祝福祷告之后，我穿过房间走到一张熟悉的面孔旁边。他是肯恩，在帕特里克·诺里斯的训练营中那个安静的人，他也认得我。我告诉他，自训练营后，我还和帕特里克·诺里斯见过一次面，而且他似乎混得不太好。肯恩得意地回答："他可以是他自己最大的敌人。我的意思是说，他很有才华，但……"

我问他工作找得怎么样了？肯恩说他找到一个工作，而且周一就要开始上班了。那么他今天为什么会在这里？来感谢一些人，道别。我告诉他我有点不喜欢这场活动所有的宗教性质。

"对我来说还好，"他说，"我本身就是信教的。"

"所以你要到哪里工作？"我问他。

"我的老东家，一年前我被解雇的那家公司。"

"再回去那里你有什么感觉？我的意思是说，在他们解雇你之后。"

"哦，没关系，"他愉悦地笑了起来，"当时他们不需要那么多人，不过现在他们却需要了。"

所以这就是现在理想的基督教化白领员工，"赶上对的时间"——暂时无用便可弃之，而且永远乐意微笑归队，无论这段失业时期忍受了多少困苦。[4] 也许横扫全美的福音派兴起运动的功能之一，就是使人们心甘情愿地接受越来越不可靠的工作环境：接受你所得到的，并且赞美上帝送来这个机会。

当我们鱼贯走向门口时，有一位年约40岁、眼神专注的男士上前和我讲话。他问："你在找公关工作？"我很热切地点头。他建议："你应该加入美国公关协会乔治亚州分部，他们有一个为过渡时期公关人员所设的团体。"终于，来了一个有意义的内幕消息。听了一上午受南方乡村恐同症影响而删改过的基督教义，这也许就足以弥补这个冗长、古怪的早晨。

我打车回亚特兰大机场，司机是个希望成为五旬节教派传道者的印度移民。当我承认自己不是基督徒时，他从后视镜里怀疑地瞥了我一眼，好像他可能错过了某种无法掩饰的脸部瑕疵一样。

"当个基督徒实在很难，"我解释道，"耶稣说过，只要你一有钱，你就得变卖你的所有，并施舍给穷人。"

"这句话出自哪里？"他很好奇地问。

第 **6** 章

胸怀远志

Aiming Higher

再度回到家，我坐下来面对现实 —— 我在 Monster 和 HotJobs 刊登简历，至今已超过两个月了，却还没有接到半家公司的电话。我收到了不少电子邮件，大多是来自一些"管理类工作搜索"（executive job search）的公司，他们佯称从我的简历中看得出我很有潜力，然后表示可以指导我找到工作，代价是好几千美元。但是我投递过申请表的那些健康和医药公司，依旧保持傲然的沉默。我是相当捺不住性子的人，至少在接近最后期限时不禁焦虑起来，怕自己所定的求职最后期限在时间无情的飞跑下，就要把我击垮了。

普通的求职者可能会很绝望，但我占了一个独特的优势：我只要再把简历更新一下就好了。我从和其他求职者的聊天中得知，很多公关人士都是失败的新闻从业者——这也没什么好羞愧的，因为多数媒体付的都是超低的工资，近来几乎已经没有人可以只当自由记者就养得活自己。这表示，我可以把我实际的生活再多放一些到简历中，做芭芭拉·亚历山大的骨架。当然了，我不能引用自己写过的文章，因为有些人可能会要求过目，但我可以如实地宣称自己曾在加州大学伯克利分校的新闻研究所教过课，如果有人问起，有位同学会很乐意证实芭芭拉·亚历山大教了一堂大受学生欢迎的"说服写作课"。

更进一步来说，活动策划必须删除。我本来觉得具有两项"技术组合"会加倍吸引雇主，但也可能不幸造成看起来"不专注"的效果。此外，我渐渐看出活动策划是一种很粗略的职业，和酒席承办性质太接近了，而且在社交活动之后，我觉得反正也没几家公司会在内部留用活动策划的人力。为了取代这部分，我扩展想象的公关经验，我现在做的不只是顾问，而是全职工作。可悲的是，所有这些伪造的工作都是在非营利机构，虽然我（也就是真正的我）自取其辱地尝试到一家我多年来一直有接触、确有营利的公关公司，想找人帮我圆谎，但我还是只能困在这非营利机构的黯淡往事中。

虽然如此，这份新简历还是让我眼前一亮。里面没有独创的故事来掩饰工作的空窗期，有的是一段在媒体关系和形象管理界辛勤工作的生活。我保留了近来做过的独立顾问工作，删掉了业余玩票和落难主妇的那个芭芭拉，一点痕迹都不留，取而代之的是一个或许称不上工作狂，但至少是极度专注的专业人士。我把这份新的简历贴在 Monster、HotJobs、CareerBuilders、Guru、Workinpr、prweek，以及本州的一些求职网站上，还有美国公关协会的网站。我警告自己，隔天早上不要赶忙去查电子邮件，以为自己会收到雪片般的回函。但我一定是个甘愿承受失望的人，因为我还是那么做了。

下一步，我从之前的旅行中累积拿了一叠名片，现在我要一一写信给他们，询问他们的求职进展如何，顺便问问他们有没有得到什么可供我参考的线索。不是每个人都回信，而且没半个人有什么内幕消息。比利，我在帕特里克的训练营为了克林顿的杀人纪录而起冲突的那个人，邀请我去参加他创立的新求职者团体；莉亚，我在烤蒜餐厅遇到的销售人员，已经越来越绝望了；另一个训练营的老手理查德，脸上布满了因常笑而产生笑纹的房产中介，他回我信，我才惊讶地发现他一直试着打电话想和我联系，因为他"只是真的好想找人聊聊"。他没有打通，因为他打的是我的手机，而只要我在家就不太理它。他问我下次再到亚特兰大时，可不可以共进晚餐？我让他的热情冷却了几天，才回复说，好的，晚餐是个不错的主意。不过在我回去找他之前，他就已经搬到芝加哥，而且找到一份工作了。那工作的性质我问也问不出来，他说，只不过是凑合着做的工作。意思是有点不体面，希望只是暂时做做。

我的下一个跟进目标让我畏怯多了。就是 ExecuNet 那位之前在共和党全国委员会待过的罗恩。我写给他一封很奉承却还算诚实的电子邮件，说他的研讨会多么具启发性，我有多感激他直截了当的做法，跟典型的职业教练那种含糊的、半治疗性的做法很不同。我还提醒他对我承诺过的联系渠道。这一招倒是召来了一封够客气的回复，结尾还要我再介绍一下我的状况和技能以唤起他的记忆。我应该寄张简历给他才对，但要寄哪一张？我参加 ExecuNet 研讨会时，带的是旧的简历，现在我可不敢寄给他新的简历，以免他拿来和第一份比较，而注意到我的经历在几周内就扩展了那么多。

所以我把旧简历寄去给他，又再次提醒他别忘了我的联系渠道。当这些都石沉大海后，我再一次写信，要求他是不是可以给我 20 分钟的时间和他聊聊。这可是他自己的建议：每个人都可以硬挤出 20 分钟的见面时间。他回了封信，列出我计划到华盛顿那天他有空的时段，包括一些午餐时间，所以我就厚着脸皮说要请他吃午餐，结果简直令人难以置信，他接受了。

这场约会的地点很自然地就定在艾伦瑞克（我）出差时住的酒店餐厅里，早餐时我先去探路，决定了这家餐厅，如果东西的口味不是那么可靠，至少环境还算高级。我在房间里刻意精心打扮一番：棕色套装、黑色高领衫、金色耳环。我的脸用的是全套普莱斯考特的产品：粉底、腮红、眼线笔、唇线笔、睫毛膏。我强迫自己放慢速度，用各种不同的画笔和刷子做细微、烦人的动作，因为不知哪来的人类学研究，说鲜明大胆和粗线条的颜面色彩会产生不好的效果，让人觉得是野蛮人或运动狂。在全身镜前仔细端详后，我认为自己实在很靓，再加上一条金项链和翻领别针，照普莱斯考特的评断，我可能还会被认为是共和党员呢。"心智清晰，熟练的赛马选手，"我背诵着莫顿的小小心诀，"健全的精神，强壮的赛马。"

罗恩也一样，看起来远比之前"平易近人"多了——没有打领带，穿着领尖有扣子的淡蓝色衬衫，第一个扣子并没有扣上。我们一坐下，我就开始扼要地说明求职心得，尽量以社会学的层面，而不是以个人的观点来述说，以免让他感觉出我的绝望。我告诉他："我感觉到整个管理阶层的生活圈子，在过去数十年来有很大的改变。而且很多人就是还没有做好心理准备，不管情绪上或其他方面皆是如此。"我举我的父亲为例，希望能给他一种我们家族都是管理阶层的印象。我父亲在吉列（Gillette）公司服务 20 年以上，对公司认同到家里绝不许使用其他竞争品牌的产品。不过，如今人们似乎每隔 3 年就得换一次公司。罗恩确认我的印象并没有错，现在的管理阶层一生中大概要换八到九次工作。"你永远觉得下一份工作就是最后一个，但从来不是。"

点菜时，我犯了个对服务生友善的错误。为了更正我的错误，我观察罗恩对待服务生的态度，是一种冷淡再加上些许敌意的姿态。例如，他抱怨他的水杯太满了，虽然把多余的水喝一下没多少困难，他却硬要服务生给他换一个新水杯，水不要那么满。他对这无耻的小题大做没有任何歉意，没有一句"请"，甚至在要求时连眼神接触都没有，害我只好跟服务生使一下眼色，有点"看到我得忍受什么了吧？"的意思。

现在言归正传谈到我真正的问题。我告诉他一个可能的策略，并把这个想法大大归功于 ExecuNet 研讨会帮助我"策略性"思考：我会继续在制药公司领域内寻找工作，但我要附上一封信，指出他们当前的公关问题，是由于价钱太高和无数欺瞒与诈欺行为，并暗示我可以帮忙改进这些缺失。

他喜欢这个策略。"专注在制药这类行业很好。而且不管你应征哪家公司，提到其'痛点'——也就是它们做不好而你能补救之处——也很好，但你一定要给它们一个解决之道。"

我说："我了解客户的愤怒，但我不认为这些制药公司曾试着去运用那些对它们心存善意的力量。例如在妇女的世界中：你有避孕药、你有他莫昔芬（Tamoxifen）*，它们改变了我们的生命。它们拯救了我们的生命。"当然，我略过了它们有害的一面：含有高雌性激素的避孕药、荷尔蒙补充疗法、道尔盾（Dalkon Shield）子宫内避孕器等。

"很好，"他说，"你可以建议采行社群途径。"

啊，就是这个词，"社群"。我们的食物上桌了，我很警觉地发现，我点的鸡肉片配的是蒜香番茄酱，这对求职者来说足以造成危险，《别为工作抓狂》甚至还有一章叫《远离番茄酱》。只要叉子稍微叉偏，我的棕色套装就完了，所以我只好小口小口地细嚼慢咽。

罗恩告诉我："你要记住，社交的重要性无法取代。你要如何和制药公司建立关系呢？"他建议我参加公关专业协会的活动和会议，和大家打成一片，并且在这个过程中，了解可能的工

---

* 三苯氧胺，治疗乳腺癌最常用的抗雌激素药物。——译者注

作到底在哪里。另一个策略是，我可以去买我有意求职的公司的股票，并且出席年度股东会议。"除非你是个会惹麻烦的人"，否则在那里每个人都可以和上级人士攀谈。

我必须先拥有公司的一部分，然后才能在里面工作？我决定问他一个在我心里憋了好几个月的问题：当求职可以在网络上通过求职者的技能和公司的需求这样简单的配对就达成时，为何每件事似乎都还得倚赖老式的面对面接触？毕竟，最后还是会面试，不是吗？

"这是信任的问题。"罗恩含糊地回答，更别提"好感度"了。"你在管理阶层的层级越高，就有越多情况要依赖好感度。你得学着去适应才是。"

我的右手正往前伸向罗恩尚未动过的薯条，便急忙转个方向假装要拿盐。数百万人的生计与幸福倚赖这些作为国家经济支柱的大企业，这些企业却如此仰仗"好感度"这样薄弱、空洞的感觉，真是让人不解。

进行到餐后咖啡的阶段，我再次提醒他承诺过要给我的联系渠道。他说，好吧，他可以给我一个"免费赠品"。不过现在重点来了：假如我想要被引介到那实际在职管理层的"支持团体"圈子，就必须预付去年年薪的4%，之后还要再付新工作薪水的4%给他。我发现不能为了付得起罗恩所提的4%而假装自己的薪水很低，因为为了符合ExecuNet研讨会的参加资格，我之前声称自己有10万年薪，所以我们现在谈的至少是4000美元。这个数目可以买到无数的面谈辅导、简历改写，还有每隔一周和大亨显要吃早餐的机会。

他说得很明白，光能获邀以这种方式花钱便是一种荣幸，他们可不是每个人都收的：“例如，一个过度自吹自擂的人在求职过程中，不会有什么好结果。”要不是知道“我们有相同的价值观”，他不会来和我午餐。我用力地点点头，不确定那些价值观到底是什么。

他没有食言，我的免费赠品第二天就通过电邮送来了——一家总部在华盛顿的公关公司，叫作戈维斯（Qorvis）。至今我只应征了几家公司，因为一方面我很少看到这些公司有缺额，一方面我也比较喜欢在大公司中做些较大型的非公关任务。我火速发出一封简历与求职信，第一行就提到罗恩的名字。做完这件工作后，我开始草拟一份给制药公司的新求职信，针对他们不幸的形象问题推销我的“社群途径”。当然了，我把这些问题都归咎于过度热衷的监管者与记者。

罗恩最后还有一个建议有待探索：我要积极参与公关专业协会的活动，并以此作为社交的工具。我已经试过追踪在周界商场得到的小道消息，也联系过美国公关协会乔治亚州分部，但他们的过渡时期公关人员团体似乎已不再进行了。罗恩是在这方面重新努力的范例：我不只要和在职的公关人员社交，同时还要利用“过渡时期”来扩展我的公关技能，进而扩充简历上的经验，做这件事对我来说并无大碍。

我每天几乎都会上美国公关协会的网站看一下工作机会，

浏览即将举行的会议。最后我决定参加一场时间上还算方便的"专业发展研讨会",主题为"危机沟通管理",内容包括当"社运分子袭击"或"CEO 被起诉"时该怎么处理。这是一项很大的投资——800 元的费用,加上旅费和两晚的住宿费,而且这可不是随便什么人都可以参加的会议。网站上的报名表要求我列出一个目前的雇主,直到我最后想到了"亚历山大企业"时才满意。即使这场会议无法成为联系渠道的来源,至少应该可以让我一窥企业界难得见到的最脆弱状态,而一家企业的弱点永远都可以被转化为一份可能的工作机会。有社运分子袭击你的总部,CEO 又被铐上手铐带走?我可以帮得上忙,或至少现在我会找出可以帮上忙的方法。

　　这场研讨会在波士顿市中心的一家酒店举行,又是一间没有窗户的会议室。今天是风大的春日,偶有阳光闪耀,我实在恨透了被局限在这人造空气与灯光下,有如坟墓般的寂静之中。但该做的还是要做。我早在 9 点以前就抵达,以便在社交上抢得头筹;在场集结了大约 30 名公关人员,我很快地向其中 6 个人自我介绍,一一询问在他们的行业中除了龙卷风和恐怖分子袭击外,还遇过哪些危机。我遇到可口可乐的洛里(Lori),她关心的是产品安全;好事达保险(Allstate)的罗杰(Roger),他不满意投保人;两位来自一家鸡肉加工公司的公关人员担心禽流感,以及数名在医院工作的人,他们遇到的问题是不明原因的死亡和邻近居民反对医院院区扩张。我一直把企业界想象成百侵不入的堡垒,原来它处于重重围攻之下。

9点整，主讲人吉姆·卢卡泽斯基（Jim Lukaszewski）以这样的开场白揭开研讨会的序幕："除非有人决定要推翻我……否则这辆巴士要开了。"——吉姆给人如此明显的"好感度"，却在我们的心里灌输这样奇怪的可能性。他称赞我们是"一群非常资深的专业人士"，只需要学习"从不同的观点"来思考，也就是"管理观点"。别再去想如何和媒体打交道；我们的挑战是要"上到桌面"，这样才能受到管理阶层的注意，然后"当场"且"即时地"用他们能够理解的语言与之沟通。以前，事情要花上好几天才能处理好，但现在多亏了各种办公科技，只要几分钟就能解决了。当危机爆发，你必须争取"黄金时间"来构思回应之道，并推销给管理阶层。

　　我们开始看止痛药泰勒诺（Tylenol）胶囊掺入氰化物的危机处理案例影片，从不幸的死亡案件，看到他们以防篡改安全密封来挽救。到目前为止都还好，我大大地松了一口气，目前没有我不懂的东西——没有神秘的行话术语或伪装的公关科学，而且他们所推荐的事也没什么是我实际上做不到的（假设是不需为道德感而迟疑的事）。也许这就是真正适合我的行业。我喜欢研讨会的伙伴们，看起来没人因我"顾问"的身份而看不起我，或表现出让人无法忍受的乐观兴奋，这是金伯莉坚持能找到工作的先决条件。吉姆甚至还有一点幽默感，至少还愿意在演说中不时穿插一点淘气的"嘿嘿"声。

　　我热切地想要听到一些刺激的事情，像是反全球化的社运分子和 CEO 被起诉的故事，但几乎第一天整天和第二天大部分时间都用在那棘手的"上到桌面"和吸引管理阶层注意的内部问题上，这似乎和我没什么关系，因为我甚至连门都还没进去，除非是穿着围裙、手捧盘子，否则实在不太可能被允许靠近桌子一步。但我至少可以窥见这个或许不可能亲身探索的圣所内幕——在玻璃墙与检查关卡的后面，在 CEO、CFO、COO 等做决策的"C 字辈高级管理人办公室"里。吉姆在危机爆发期间曾经给许多公司提供建言，而且在美国公关协会里似乎还是位显要人物，他应该是个完美的指导人选。

他告诉我们，对于管理阶层的认识，最重要的就是他们和你我不同——尤其是他们极端"与现实脱节"。他举了个与现实脱节的例子，有位 CEO 问他（吉姆用一种假装的咆哮声来表演）："这股环保风潮什么时候才会散去？"你看，他就是不懂，吉姆用他自己的声音说，这股"环保风潮"不会散去，它才刚刚刮起来而已。

为什么高级管理人与现实如此脱节？因为他们与世隔绝，而且老实说，很懒。"你们都去过公司的管理部门，"吉姆说，"注意到那里有多安静吗？因为没有人在做事。哦，有时候是有些会议……"我们必须了解，上层的人是很孤独的——非常孤独。那里只有一位 CEO，所以他或她（吉姆很小心谨慎地使用性别称呼，虽然这几乎没有必要）没有人可以交谈，而且在他或她四周的人"都在等着看他们会摔得多惨"。吉姆宣称，事实上 CEO 的平均任期已经下降到 30 个月。因此 CEO 都是最后一个听到闲言闲语的人，在他提出的案例中只有一个除外：有位

CEO是老烟枪，为了过烟瘾只好到大楼楼顶和尼古丁同好的下属们闲聊。

这一切让我们对CEO有了完全不同的看法，他们常常被描绘成薪水过多的暴君，但把CEO形容得更巧妙的，或许就属詹姆斯·弗雷泽（James Frazer）的经典著作《金枝》（The Golden Bough），书中一位虚构的国王在春天时被献祭，以使土地肥沃。或是阿芝特克人（Aztec）的祭祀牺牲品，他们被养得肥肥的，悉心照料了几周后，就被送到剜心的仪式现场。

不过，我还来不及对这些注定失败和孤独的CEO寄予同情，吉姆已经开始勾勒他们如何运用时间了：低于5%的时间用在决策上、40%花在"表达"决策、40%在"教导、诱导和辅导"、2%在"重复与解释"、5%在"建立赞赏"（也就是"寻求赞美"）、1%在"建立名声"（不清楚是指公司的名声还是CEO自己的名声）。不，这加起来并不是100%，但那是因为CEO"全年无休"。不过吉姆立刻就反驳这一点，他观察到当你真正需要他们时，例如发生危机时，上层管理者一定在度假。

此时，吉姆本人看起来像个反全球化的社运分子：他站在环境保护者这边；他把CEO描绘成虚荣、坏脾气的人，整天花时间在巴巴多斯（Barbados）晒太阳，或是到处闲逛寻求赞美。但你知道吗？我们对他们要完全忠诚。实际上我们的目标是要成为他们信任的顾问——我想到的是"军师"（consiglieri）这个字眼。有时候公关人员会糊涂，以为自己是在为媒体做事。他问："你们有多少人曾经做过记者？"结果房间里大约四分之一的人举起手。嗯，把那些都忘掉。他告诉我们："记者基本上都是不快乐的人。"身为公关人员，我们甚至不需要回他们电话。整个房间充满了明显不自在的震颤。集中精力解决危机，或是敦促管理阶层来解决危机，不要管媒体，直到你准备好跟他们说话为止。

让我着迷的是公司的内部文化，也就是吉姆所见的。他勾勒出来的画面很像卡斯蒂廖内（Castiglione）或较近代的历史学家诺伯特·伊里亚斯（Norbert Elias）所描绘的1600年左右的欧洲宫廷。公关人员是既轻视国王又簇拥在国王四周、急切想获得垂爱的朝臣。我们必须学习用一种低沉、安静的语调说话，永远"有技巧地"架构我们的建言，而且绝对不要多费唇舌在他已经知道的事情上。只有我们巧妙地取得他的信任后，才有望拯救国家（我的意思是公司）。当然了，所有的功劳全归于他。

午餐时，我得知某些学员伙伴对于和管理阶层打交道这堂没完没了的课，越来越不耐烦了。他们预期的是比较有参与感和实操性的课程，并且有机会研讨各种不同的模拟危机。事实上，吉姆强调与管理阶层沟通要简洁，但他在应付我们时却没那么自制，这实在很奇怪。毕竟，他告诉我们的大半内容都已经印在发给我们的笔记本里了，有空就可以阅读。或许，在努力许久后才终于上到桌面，他只想抓住这个机会站在上面，连续跳好几个小时的舞吧！

从洛里处，我得知可口可乐公司因为没有即时处理好欧洲的一件细菌感染案例，造成一场管理人事的大变动。我和一位处理蒙大拿州国家森林服务局（National Forest Service）公关事务的女士长谈许久，蒙大拿州是我的故乡，我们聊了利文斯顿（Livingston）和米苏拉市（Missoula）的相对优缺点。我也和穿着蓝色牛仔裤的亚历山德拉（Alexandra）聊天，她在加州一家为美国企业安排产业外包的公司工作。我问："这些公司再怎么说也都是要走外包路线的，别人为什么要生你的气？"她告诉我："我也一直都这么说啊。"看起来好像被很多隐形人追赶得很烦的样子。

我上前和州农保险（State Farm）公司的罗杰说话，要求他略述一下他"典型的一天"给我这个企业界的新生听。原来他一天要在办公桌前坐上 10 个小时，于是我就问他，当他职位调升时，工作要求是否也就跟着下降。他的笑容逸去：不，每一项成就之后，期望只会更多。每个人都很客气地接受我的名片，而且答应如果他们注意到任何工作机会时，会和我联系。

下午的研讨会时段，我有很多时间可以思索吉姆话中的矛盾，找出对严肃的专业公关人员有什么期望。他人很好，这是毫无疑问的，对有些议题的立场甚至还很开放，不存偏见。当他简短地提到工会议题时，说他们正"垂死"，底下有人插嘴说："还不够快！"——这让吉姆进而为劳工阶级辩护：我们需要"以谅解的态度来看待工会"。他以一种马克思主义的语气继续说："公司企业拥有一切，劳工们拥有的只有那份合约。"吉姆的父亲就是一位蓝领的工会成员，而且"如果你想看民主的实际运作，只要去参加一场工会会议就可以了。"他透露自己的公关公司有四位职员，目前都参与社群团体的事务，做各种不同的努力。他坦承："社运活动很好玩，尤其是在你花了一整天的时间帮公司辩护道歉时。"

但在专业工作上，我们是反社运分子，而且绝不能忘记这点。他说了一个他成功处理的真实危机案例：费城有一家医院想要市政府许可它在屋顶设置一座直升机停机坪。吉姆告诉我们，这完全没有必要，因为在方圆一英里内，医院院区的屋顶上已经有四座直升机停机坪了，但一座直升机停机坪对医院来说是"很有声望"的事。所以吉姆到底做了什么，来平息社区对这座停机坪的反对声浪？他组织了一场挨家挨户宣传直升机停机坪的游说活动。这场活动很成功，医院得到了直升机停机坪，无疑地还有机会治疗由高度噪音引起的、和压力有关的失调疾病。

然后还有一桩社群和一家大型超市（我想到沃尔玛）敌对的假设案例，他请我们想出这些机构带来的所有好处：制造就业机会、让消费者有选择性、纳税等。当好处都列在白板上后，他很让人意外地宣布："这些都不值一提。"因为大家知道这些都不是真的。我举手问他："所以，你究竟要如何对社群宣推这家大型超市？"吉姆说："我们等一下会提到。"但我们一直都没有提到。他说，重点是我们必须开始让管理阶层意识到公司的承诺听起来多么空洞。然后，想必我们可以展开自己支持大型商场的社群组织运动。

隔天下午某个时刻，我开始幻想要劫持这辆"巴士"，不过理由纯粹只是生理因素。我已经坐了超过一天了，搭飞机来的那天还不算在内，我对于静止不动的忍耐度已经到达极限。我感受到脊椎骨和椎间盘一节一节的刺痛，小腿也静脉曲张了，全身肌肉都因久坐不动而液化。其他人似乎对瘫痪都没什么抱怨，不过上厕所或在走廊上使用手机的次数越来越多，那位可口可乐女孩也偷偷在她的黑莓手机上回复邮件。我突然想到，在我求职的过程中，很多时候都坐在无窗的室内，同时某个人——最常见的是一位五十几或六十几岁的白人男性，站在前面见证、说教、告诫或辅导。或许重要的不是介绍的内容，而是保持好几个小时不起身的坐姿和专心的模样所需的修养吧！蓝领由于体力消耗而造成伤害与疲惫，白领须忍受的则是久坐不动的痛苦结果，这有时跟前者一样痛苦。大学教育几乎是白领职业必备的条件，或许大学教育的整个重点就是训练你端坐不动，而且保持眼睛张开。这个时候，我宁愿当个服务生。

在我陷入昏睡、不省人事前所记得的最后一件事，是分神想到坐姿的历史沿革，椅子是在什么时候开始普遍使用？一定不会超过几千年以前，应该是在我们的肌肉和骨骼组织达到现代结构很久以后吧。人体是设计来跑步、走路、蹲伏与漫步的，而不是用来日复一日坐得挺直。

我不认为我真的有趴倒在座位上，或泄露出精神不集中的模样，但至少有一段完全无法连贯的空白记忆时间，醒来发现教室里有些微的变动。我们终于进行到一直期待的阶段：自己解决问题。每个人都拿到一个号码（从 1 到 5），分组发配到一张新桌子去，每张桌子都有一项不同的"危机"要解决。

每个案例听起都很可怕，但吉姆坚称这都是根据真实情况改写：一家公司为贫困儿童举办一场免费赠送圣诞礼物的活动，结果其中一个包装好的礼物竟然是一卷色情录影带，在社会上引起轩然大波，尤其以教会最为愤慨；一家公司的喷射机坠落到一个社区，里面还包括一家托儿所；一家在洛杉矶中南区做社区清扫工作的公司，被抓到涉及跛子帮（Crips）和血帮（Bloods）的枪击冲突事件；一家公司发现它的婴儿产品会引发疹子；而我这个小组的公司面临一波性骚扰的控诉，不幸引起一个全国性妇女团体（社运分子）的注意。

我们终于坐在这里，不是面对吉姆而是彼此面对面，自由互动。不到几分钟我就开始不耐烦了。我的同桌伙伴似乎一点头绪都没有，保险业界的中年男性尤其如此。有一个人提议说，我们（公司）要为受害者提供医疗照顾和心理辅导，害我还得解释性骚扰和强奸的不同，而对性骚扰受害者提议进行心理辅导，很容易被诠释为一种侮辱。

但我主要是对他们胡乱没系统的做事方式感到不耐烦。吉姆给我们一份可资遵循的纲要，一开始要先建立一份事件发生时间表，但似乎没有人注意到这一点。我发现自己想都没想，就变形为 ENTJ（外向、直觉、思考、判断型）的模式，敲打着桌面，坚持要做一番彻底调查："我们一定要先把时间表写出来。我们必须知道，为什么这些指控在我们知道前就落在新闻媒体的手上！"

有人把时间表写在活动白板上，上面还掺杂了一堆不相关的项目，像是和受害者见面及敏感度训练等，接着我们讨论的议题是如何处理那个已经抵达现场的全国妇女团体。同桌有一位男士建议我们提供这个团体一笔可观的捐款，好把他们打发走。笨蛋！我想象着那个厉害的现任全美妇女组织主席金·甘蒂（Kim Gandy）对这项贿赂提议的回答。

　　我强势地插了嘴："那么做是不管用的，我们谈论的是有原则的人。"我接着略述一下可以用什么更聪明的办法来招揽全国妇女组织到我们的旗下：设立一个独立委员会来调查这些指控（或有相当程度的独立就好了），并让一些妇女组织的人担任代表。他们会觉得自己在做事，而且这还会让公司看起来像是自堕胎合法化的"罗伊诉韦德案"（Roe v. Wade）*以来，女性主义者所遇过最好的公司了。

　　同桌的伙伴们稍微眨了眨眼睛，接受了这个计划。但我到底在做什么？我不是来这里解救三菱（Mitsubishi）公司的，三菱在 1990 年代遭遇过一场很大的性骚扰丑闻，而且我怀疑那就是我们这个特别危机的原型。我来这里是为了社交，也就是说要讨人喜欢，而不是把事情做成功或做对。同桌其他人似乎都快乐到可以随会议的进展而相处融洽。由于感到局促不安，我把自己拉回来，当伙伴们继续在活动白板上大书特书那没什么

---

* 美国联邦最高法院于 1973 年"罗伊诉韦德"一案中，宣布宪法有保护妇女怀孕初期堕胎之权利，限制这种权利的"州法"无效。——编者注

启发性、没什么策略可言的意见时，我安于点头鼓励。我看得出来，没有我的参与，他们没什么计划。所以说，公关这件事我做得来，不需进一步的训练，靠生活带给我的经验就行了。不过，只有在我掌控全局时才能如此。

我一从波士顿回到家，就赶快跑去求职网站更新我的简历，加上听来很响亮的美国公关协会危机沟通研讨会，并开始重新思索我的求职信和求职策略。我从吉姆那里学到的是，企业若非真的有偏执幻想就是很害怕，而且很有理由害怕。随便给我一个行业，我就可以想出一个"危机"来威胁它：医院里有一位涉嫌谋杀病患的护理人员，化学公司里有一个挺身揭发公司黑幕的告密者……不满或受伤的客户——套句吉姆在研讨会中所说的话："也就是受害人，嘿嘿。"——到处都是。每家公司，不管他们知不知道这点，都需要一个危机沟通的计划，还需要一个人（就是我）来拟定这个计划。新的求职信已经寄送给所有我至今应征过的制药公司了，我在信中解释说，公关的作用"不只是在点火，同时还要灭火"。假如我能将这些威胁推销出去——杀人，诉讼，脸上涂颜料的、无政府主义的、反全球化的社运分子，我就可以把自己当成白马骑士、企业救星来推销。

而且现在我很确定我可以做得到。过去的经历就是我技能的一部分，我会带进最终雇用我的公司。吉姆是一个完美的模范：他自然是个好人——那只是工作的一部分。他花了好几个小时，解释企业管理阶层在价值观和同理心方面是多么无能，所以当然这是他身为公关人员要修补的工作。我也具有一些同

样的优势：同理心、熟悉工会与社团，还有一些受原则驱使的
生活见解。我可以跟吉姆一样，把这些优势带到王座前，献在
君王的脚边。

但事实是，没有公司愿意接受我的奉献。我以价值 35 美元
的午餐和罗恩换来的珍贵线索，很不光彩地一败涂地。我写给
戈维斯公关公司的信上，要求他们给我 20 分钟内的"信息性面
试"，以了解他们的企业，结果得到了一封很具鼓励性的回复。
但在后续的电话联系中，戈维斯的人态度已经变得很冷淡了。

"如果我的了解没错的话，过去 3 年来您都是一人顾问公
司？"他问。

"嗯，是的。"我告诉他，而且不忘罗恩的忠告——一个乞
讨者必须要有一个好故事，所以我就继续喋喋不休地说我是如
何"采取不寻常的创业途径，而且还做得非常好，但现在我想
要找寻同事情谊，并传递一家公司的企业使命……"

"啊。"他只说了这么一个字。

他给了我"招聘小组"其他两个人的名字，我很殷勤地以
电子邮件和电话留言跟他们联系，结果一点回音也没有。无论
做得多积极和多赚钱，顾问工作还是被归类成一段空窗期。同
时，除了维护挂在网上的简历外，我当然也应征了所有登在美
国公关协会网站和亚特兰大求职网上的工作机会，而后者突然
出现了一线生机。"代理医师"（Locum Tenens），一家位于乔
治亚州中部地区的公司，提供派遣医师中介服务，正在找一位

公关主任，所以我就回信强调我在健康相关领域上的广泛参与，以及我想要和医师共事的真诚热情。当我进行电话跟进时，招聘代理人黛博拉（Deborah）亲自接我的电话，并问我是否有任何疑问。我的确有些问题，因为这次会谈对我的阐述技能会是一大测试。

"请问贵公司在社区中是否参与任何公益活动？"——公司的公益活动必须广为人知，以作为公关成果的延伸，这个观念实在有点冷酷无情，但就我所知，即使是小公司也负担得起买几张票参加基督教女青年会（YWCA）的年会，或是大哥大姐会（Big Brother, Big Sister）的午餐会。

黛博拉说她不确定，而且似乎不是很清楚"公益参与"可能跟哪些事有关，所以我以吉姆的训练为后盾，更进一步说明："贵公司有没有一套危机沟通的计划？例如，有人抱怨某一位医师？您知道的，性骚扰或是不寻常的死亡人数。"

同样地，她还是不确定。我尝试警告她危机沟通计划绝对有必要，而我已特别准备好要拟定、执行这项计划了。这时她一定在翻阅我的简历，因为她说："哦，找到了。"然后，一阵静默之后，又是熟悉的拒绝："中间有段空白的中断期。"

我不确定她手上的是我那充满空白的原版简历，还是像戈维斯一样，把新简历里的顾问服务诠释成一段空白，而且讲电话时我也没办法去检查我的记录是什么。不过，我学到的一件事是：任何空白，不管目的为何——养小孩、照顾年迈双亲、疾病康复，甚至是担任顾问，都是不可原谅的。如果你一生中没有时时刻刻替别人赚钱，那就别想找工作了。

无情的拒绝逐渐成为生活的常态，和戈维斯的短暂会谈、代理医师公司的吹毛求疵——这些插曲则是例外。到目前为止，我已经应征了两百多份在广告媒体与网络上看到的工作，甚至把求职范围从健康制药业扩展到银行界和模块化建筑业的产业协会，后者至少还让我获得一通愉快的电话交谈，我们谈到模块化建筑不幸的廉价市场形象，这点还可以靠创意公关来修正。

但能够引发任何形式人际接触的应征函还真是稀罕。你也不一定能做电话跟进，因为那些公司很少给你联系人的姓名。做电话跟进时，一家叫"IR 科技"的公司告诉我，我的简历连同其他上百份简历，已经进入某个复杂的工业化批量处理流程，可能要花上好几周才能决定。或者，我会听到一则电话语音留言："由于应聘信函过多，我们无法确认您的应聘现况。"麦尔在《主管心忧忧》中，根据他在 1980 年代末求职的经验写下：

> 除非你比其他人幸运，或是近来的就业市场比以前好多了，否则你会发现送出了 500 份简历，加上 500 封特别打造的求职信，却可能连个比预先印好的致谢明信片更实质的回复都得不到。[1]

那还是一个比较有礼貌的年代。经过这么多努力后，我只收到过一张这种制式明信片。通常在我线上送出简历和求职信后几秒内，就有一封自动回复函出现在我的邮箱内，但里面连句谢谢也没有，只是一封收到的通知以及一组代码，万一我讨人厌到想要后续联系时可以使用。多半什么回音都没有。就是企业界这种不可动摇的、神圣的、官僚的冷漠，让我的求职同伴们如此绝望。我在 ExecuNet 遇到的尼尔告诉我：

> 你打电话，却没有人回你电话；你用电脑应聘，只得到自动回函。我已经到了这样的地步：起床，坐着发呆，猛喝咖啡，等着午餐到来，整天无所事事。应付被拒绝的感觉实在很艰难。

但说被拒绝又太仁慈了点，因为几乎没有任何证据说你已经被拒绝了——也就是说，经过充分考虑后，我们觉得您的资料不符。诚如《纽约时报》于 2004 年 6 月的报道："现今最常见的回绝信似乎就是沉默。找工作就好像约会一样，甚至更糟，你就坐在电话旁，等着那个永远不会打来的追求者。"[2] 这是种全然隐形和无用的感觉：你敲着门，大喊尖叫，但这门仍然在你面前紧闭着。我记得曾经读过一篇文章，抱怨社会上中年妇女的隐形身份，当时我心里就想着放马过来吧。因为隐形是每个小孩都渴望做到的事情——走来走去、拿饼干吃、做做鬼脸，完全不会受到处罚。但如今，就像从过度缺乏想象力的愿望赠与者那里得到心中所愿的倒霉童话人物一样，我急切地想解除这魔法。是我的简历，还是我的外表（以我在社交中遇到的案例来说），让我陷入了黑暗当中？

我开始幻想各种方法，让那些没有面孔的管理者们、让决定我求职结果的"招聘主任们"注意到我。我应该开发一个新的朋友圈，朋友的人脉背景要比现在更有帮助。我应该到外面去参加社交聚会，像是我在《华盛顿邮报》上看到的那场炫目耀眼的宴会，有人看到戈维斯的CEO在那里谈论政治领袖。同是亚特兰大求职网求职伙伴的销售专员史蒂夫（Steve），也采取有创意的类似方式，以达到和决策者谈话的目的。

　　我有意愿到"国会烧烤"（Capital Grill，一家位于亚特兰大市区的高级餐厅）担任服务生，在那里服务让你有机会将名片附在账单里给大人物，而得到结识的机会。菜单上最贵的酒一瓶要800美元。所以我要去上为期三天的品酒课程。

　　再过几周或几个月，这可能就是我——一名鸡尾酒服务生或酒席承办公司的职员，熟练地把简历塞给我的顾客。

第 **7** 章

"工作"上门了

In Which I Am Offered a "Job"

5月底,求职计划迈入第6个月,这时我收到一封要求面试的电子邮件。美国家庭人寿保险公司(AFLAC)在弗吉尼亚州中部地区招聘销售代表,有管理职务的机会,而我的简历(他们一定是在其中一个求职网站上看到的)显示我可能是这份工作的最佳人选。当然了,这并不是第一份寄到我邮箱的工作邀约。例如,有一家在找女性模特儿的公司是这样说的:

> 你的男友有什么好……来我们公司看看,你不会失望的。这里有各种各样的美丽照片和影像,而且你知道吗?我们需要新星,所以华盛顿、巴尔的摩、弗吉尼亚、亚特兰大和休斯敦地区的女士们,如果有兴趣加入我们的行列,想真正赚大钱,请寄给我一封简短的电子邮件,并附上一两张个人照片。

也有人向我推销预防身份被盗用的保险，我还花了 20 分钟在电话中聆听一则"云端电话会议"的语音，里面有两个男人语气愉快地赞同身份盗用案例"正以指数形式增长"。我上过美乐家公司（Melaleuca）的当，这家公司的总部在英国，专门售卖对环境生态无害的清洁用品和化妆品，目前正在美国积极物色销售代表。在一次电话谈话中，美乐家的史蒂夫向我保证说："这可不是你必须预付一大笔钱的那种传销工作。你其实只要在你的社交圈子里传播口碑就可以了。"

"我只要传播口碑，你就会付我钱？"我问。

"没错，做起来一点压力都没有。这是一种口碑式的行业。"

我短暂地尝试想象一种社交生活，清洁剂的话题会自然地定期浮现，但一想到钱就没那么吸引人了。史蒂夫说他一周花 20 小时在卖美乐家的产品，总共可以赚到大约 300 美元，但每个月必须花 75 到 80 美元在他卖的产品上——我算了一下，一个小时大约净赚 11 块美元。

就我所知，AFLAC 再怎么说都是一家声誉高且成功的机构。每个人都看过它那烦人的广告，里面有两个人在抱怨他们的保险问题，却完全没有注意到，有只鸭子一直在旁边宣告解决办法：AFLAC。为了准备面试，我去浏览 AFLAC 的网站，才知道他们的产品是"附加保险"，用来弥补雇主所提供的保险的不足之处。然后我再上 Google 和 Nexis 搜索，不到 30 分钟我就挖到金矿了：AFLAC 在销售队伍的训练与管理上有些问题。我要用这个信息让面试官大吃一惊，接着再提出我预备好的独特解决办法。还有，有些人说 AFLAC 滥用那只鸭子。刚开始要吸引大家的注意力还可以，但如果你卖的是保险，就需要一种更成熟及严肃的方式，那就是我——严肃且成熟的反鸭者。

开车经过蓝脊山脉（Blue Ridge Mountains）到 AFLAC 办公室所在的斯汤顿（Staunton），一路上风景十分美丽，但我那超过限速 24 公里的危险车速，让我无法欣赏沿途美景。离家前的最后一刻，我在棕色套装的一只袖子上发现一块模糊的群岛状污痕，需要在家迅速干洗一下，花了点时间，不过我勉强赶上，只迟到了 5 分钟。这间办公室位于一处比我想象中还要简陋的乡下地方：单层办公室建筑有一半横跨在一座没落的购物中心之上。只有一辆车停在外面，车子的虚荣牌照（vanity plate）*上写的就是"AFLAC"。

尽管我迟到了，拉里（Larry）还是很热忱地欢迎我，带我走进一间无窗的房间，里面有一张桌子和六张椅子。为了加强这种死气沉沉的坟墓效果，他还把身后的门关起来，虽然这样真够诡异的，四周根本没半个影子来打扰我们。AFLAC 网站上所承诺的喧闹繁忙、精力旺盛的团队到哪里去了？那"娱乐"的气氛和立即就能感受到的同事情谊呢？拉里大约 50 岁，有一头淡淡的金发，穿着一件绣有 AFLAC 字样的白衬衫，还有一条印着很多小鸭子的黄色领带。提起这家公司过度依赖农场小鸭为代言人的传闻，或许并非明智之举，因为除了一幅"后 911"

---

* 为满足车主虚荣心而特别选定某些字或数字的汽车牌照。——编者注

的曼哈顿天际线大照片外，办公室里唯一的装饰就是一只塑料玩具鸭，放在看来像是前台的桌面。

接下来的过程我不会把它称为面试。拉里给我一份蓝色的文件夹，里面包含一些彩色纸张，其中一张的标题是"在AFLAC 的职业机会"，他开始大声地念他文件夹里的文件，我则同时从我的文件夹里找到资料试着跟上。这似乎是企业比较喜欢的沟通方式：大声朗诵，不是看着纸念，就是跟着 PPT 念，而听朗诵的人自己也要跟着念。是不是担心没有人会注意，所以需要至少两种感官——听觉与视觉同时运作？偶尔，拉里会搁下文件跟我说话，例如告诉我虽然 AFLAC 很"庞大"，但他们已经不再那么在乎它的大小了："你知道，在安然（Enron）和世界通信（WorldCom）案之后，我们不再强调大。我们是家族经营的公司。"

现在来到重要的部分了，从一张标有"即期所得／年资给付／生活方式"的文件开始。在生活方式方面，他向我保证："我不会企图把别人转变成完美的 AFLAC 机器人。"虽然那领带、衬衫和虚荣牌照好像在暗示类似机器人的生活方式也不会造成伤害。这不寻常的宽容是有理由的，他解释："假如我们都一模一样，怎么拓展新市场呢？"还有，我可以随我的意拼命工作或轻松工作，一切都看我想要"生产"多少成果而定。不过，低生产量会促使他派竞争力强的新人业务员来冲击我的地盘，他一边说，一边眯着眼睛看我。他提醒我，最好要即时行动，因为前几个月的销售业绩占很大的分量比例。

我提醒他，我在邮件中说过对销售工作没兴趣；我想要管理销售人员——激发他们，指导他们，并和他们一起合作，规划出一套策略性的方法来处理我们被分配到的经营区域。我决定，现在是我引爆炸弹让他震惊的时候了：商业文献里的文章认为，AFLAC在销售队伍的管理上有些问题。不过，拉里如果对我的知识印象深刻的话，他倒是掩饰得很好，因为他不为所动，就像一位已经在博物馆里进出太多次的向导一样。对，对，我是可以当管理人，不过这似乎需要自己去招收业务员来管理，显然就像他目前在做的事一样。事实上大约有10个蓝色的文件夹整齐排列在桌上，证明有一连串辛苦的"面试"正在进行中，就我所知我的面试可能是当天的第11场吧。

　　谈到钱的部分，一张纷乱难懂、标有"收入解说"的文件上显示，即使是个超级大懒人，第一年的提成、红利和保单续约通通加起来，也可以赚到32,000美元。而且，拉里随口说了一句"我们玩得很开心"——公司赞助的旅行让他们玩过拉斯维加斯、檀香山和圣地亚哥等地方。当他又回到这些数字上，用亮眼的黄绿色荧光笔这里画画那里涂涂的时候，我却在思考自己在这场"面试"中的角色。似乎假装感兴趣才是正事，我还试了好几种表达同意、关心、着迷的不同表情。我看起来一定和那个在麦克莱恩圣经教会当义工、脸上表情永远在变的莉莎一样古怪，只是坐在这里试戴不同的面具。

　　他告诉我，业务只会越来越好。为什么？因为健康保险自付额和定额手续费都在稳定上升，而且"大家的可支配收入比以前更少"，也就是说，他们无法自行应付这些自付额和个人分摊。对于这个好消息，我高兴地直点头。在这个因美国健康保险系统完全失败所造成的怪异缝隙里，在这日益加剧的惨况下，我却笑得好开心。

现在出现了一种可能会搞砸一次真正面谈的生理衰竭现象：我的头从右侧太阳穴开始痛起来，喉咙开始发痒。在一阵无法控制的咳嗽和喷嚏后，他终于注意到，并让我到房间外的饮水机装点水喝。我要不就是对这会议室里的某种东西过敏，要不就是一氧化碳通过通风口排进来。还好，我们已经进行到文件夹里的最后一张纸了，他问我还有没有任何问题。

有，我有问题。蓝脊山脉在外面诱人地召唤着我们，而我们到底在这无窗的房间里做什么？但我反而问他一个绝对会让他满意的问题：他是否曾进军弗吉尼亚大学？那可是夏洛茨维尔市最大的雇主。他说，没有，然后第一次用一种近乎感兴趣的眼光看我。我告诉他，我在那里可是有很多交情不错的人哦。

下一步？他这周面试过的人，有些会被邀请参加第二次面试——"那就是我们互相了解的时候了。"下周他会通知我是否过关。我告诉他下周我会外出，但会试着查看电子邮件，这时他说："嗯，我们何不现在就定下第二次面试的时间？"所以，就这样，我过关了。

尽管他保证两周后的第二次面试会是我们"互相了解"的

机会，但根本和第一次面试进行的方式一模一样。拉里同样穿戴着 AFLAC 的衬衫和鸭子领带，带我经过仍旧没别人的房间，进到那间无窗的会议室，桌上还是堆着一叠蓝色的文件夹。我告诉他："我有个礼物要送你。"一本有关一家广告代理公司的全新精装书，就是该公司创造了那只会讲话的鸭子，这是我的一位出版界的朋友听说我可能会到 AFLAC 工作的消息后送给我的。我已经读过重要的鸭子段落：有一名年轻的广告人在曼哈顿街上漫步，一直反复自言自语地念着，"AFLAC，AFLAC"，直到他突然灵光乍现，发现自己好像一只……但拉里被我突如其来的举动给搞迷糊了，因而忘了谢我。他瞄了一下封面，然后用一根手指把书推到一边，好像拒绝贿赂的样子。

他从那叠蓝色文件夹里抽出一份文件（这份比上次那份更深入），拿出一叠装订好的文件，标题为《管理速成》（"Fast Track to Management"），开始边讲边用荧光笔标出重要的句子来。如果我在 6 个月内拉到"至少 5 万美元的附加保险"，开至少 6 个新户头，而且至少招收到一名销售人员，那我就可以成为一名 CIT（Coordinator in Training，在培训协调员）。然后继续这个"6"的规律主题，身为 CIT，我会有 6 项责任，包括"和 DSC、RSC 与 SSC 一起参加三个月一次的 CDI。"我还必须另外考一张保险经纪人的执照，拿到"Flex 和 SmartApp 认证"。有任何问题吗？

现在他拿出一张影印的 7 月份月历，开始用荧光笔圈出我要受训的日子，有些课还要去弗吉尼亚州的另一个城市上，假如我愿意和别人共用一个房间，AFLAC 会帮我付住宿费。我还会需要一台笔记本电脑。

"公司会给我一台吗？"我问。

"不会，但你过不了多久就可以赚到一台笔记本电脑的钱了。"

所以，笔记本电脑不算，经纪人执照费和之前要上的培训课程，这些初期投资就要花上大约 1900 美元。我们接着浏览 AFLAC 提供的课程内容，包括"L.E.A.S.E. 秘书与方法记忆"（DSC 一对一加强课程）和"客户服务、账务调节及 NOI 网络联结"。拉里又说，还会有电话销售（cold-calling）的训练，不过这一点并没有列在文件上，或许电话销售就等于是对销售人员浇冷水（cold douche），多数人都会尽量避免。我注意到这张月历几乎每个工作日都被圈起来，上面标有满月和新月，心中不由得猜想一个 AFLAC 的专员能把这项信息拿来做什么用。

他说话的口气变得越来越像老板，这让我很难有正面的解读。第一次面试时，他是在推销这份工作；现在他是在指挥。我必须立刻空出日程表，开始为准备经纪人考试而啃书，还得精读一本很厚的书。拉里拿这本书给我看，不过我得自己去买，而且连他都承认这本书实在很"无聊"。

"我希望你知道，如果你要，这份工作就是你的了。"他出其不意地说，并从他面前的文件夹快速向上瞄了一眼。

这个时候他应该要微笑。他应该握我的手并真挚地说："欢迎加入我们的行列。"但拉里的情绪似乎过于防卫而无法放松下来道贺。事实上，他接着又暗示性地奚落一番。他不屑一顾地甩了甩我的简历说："这件事跟这个一点关系都没有。我甚至看不懂这是干什么的。"好像我过去的工作是在天体物理学领域一样。"我是根据一个人沟通的技巧来做判断。他们是否有人际沟通的能力，是否懂得倾听。"然后他对我稍微点点头，因为我的确是个好听众，不过这看起来似乎是对应征者相当低限度的要求。他不着痕迹地又回到"即时行动"和"全心投入"的必要性。有任何问题吗？

"那健康保险呢？"

"我们是独立契约工作者，要自己找保险。"

所以他要这些本身没有保险的人去卖保险？我更婉转地问，我是否会有一间办公室。

"嗯，我们的职员都用他们自己的家庭办公室。"

我们握了手，我开车启程回家，但山区突遇一阵大雨袭击，迫使我把车停靠路边，坐在那里瞪着雨刷外一片白茫茫的世界。我找到工作了。有人觉得我适合代表一家大公司来面对一般大众，显然没有别的原因，只因我可以在冗长沉闷的两个小时内静坐不动、乖乖听话。往好处想，也许我该归功于自己的举止和伪装的热诚，这很难说。悲观一点的思考就是，这份"工作"不提供底薪、没有福利，甚至连个有传真机和电话的办公室都没有。这就和去沃尔玛找工作，而他们给我一辆装满日用品的推车，要我到街上叫卖没什么两样。我没再打电话过去，拉里也没有打过电话给我。

有成千上万个像这样的"工作"，等待着被企业所拒或对企业体制不满的人。1995 年，美国有 31% 的劳工发现他们身处某种"非标准"的工作环境中，特点是缺乏福利，和名义上的雇主间没什么感情，而这个数字还在持续上升中。[1]这些人里有很多是女性临时工和以日计酬的蓝领工人，例如整理草坪的工人和居家清洁工。

　　但这种非标准的雇工中，出现越来越高比例的企业雇员、专业人员，以及进入倦怠期或被开除的管理人员。对这些白领阶层的求职者来说，到处都是诱惑——有时也可能是陷阱。我的电子邮箱内老是充斥着敦促人"做自己的老板！"和"想赚多少就赚多少！"的信，还常常附有像是"厌倦了企业的勾心斗角、你争我夺吗？""您有周一征候群吗？""您因撞到玻璃天花板（glass ceiling）*而头痛吗？""对您的工作失去爱的感觉了吗？"等醒目的问题。这种半雇用性质工作的招聘人员，有时会潜伏在社交活动中，我在福德洛克就遇到一个人，提议要帮我找到适合的连锁加盟机会。他向我保证，我可以拥有自己的"美美清洁"（Merry Maids）居家清洁公司，而且可以任选地点远端遥控经营。

　　销售房地产比较受尊重，这是进入企业界的另一种传统方式，而且初期的障碍不会比卖保险多：你只要付课程学习费用，

---

* 通常指女性在工作升迁中遇到的无形障碍，使人不能到达更高的阶层。——编者注

并通过州执照的考试就可以了。我在密苏里州的哥哥、科罗拉多州的姐夫，还有许多散居各地的朋友和熟人，都是做这行的。我哥哥离开企业界，曾在阿肯色州经营一家汽车旅馆；姐夫会进入房地产业，是因为夏威夷的生活开销太大而搬家，却影响了原本学校教书的工作，必须再投资几千美元去进修，教师证书才能转到科罗拉多州使用，所以后来有 5 年时间他经营一家汉堡王，还短暂当过律师助理，最后才在房地产界安身立命。我在亚特兰大有一位具有网站设计背景的女性友人，已经上了房地产课程，而且打算去考州试。我在福德洛克遇到的克拉克·尼可森（Clark Nickerson），在工业界当了 27 年的销售经理，"提前退休"后财务状况过不去，而且长达一年都找不到工作，便决定进入房地产界。

在 4 月中旬以前，我做了所有该做的事——参加社交聚会、使用求职网站，但我实在很难继续维持积极的心态。我太太和我一起坐下来（在我挣扎时她也很挣扎），她说："这样行不通的。"我那时才发现，我并不想回到工业销售的世界。她说："那房地产呢？"

但作为白领阶层失业者的内定行业，房地产却一点也不可靠。根据可信的产业期刊《房地产时报》（Realty Times）报道，入行第一年的房地产中介有 86% 的失败率，而在幸存者中，有 70% 一年所得为 3 万美元以下。根据我姐夫的看法，房地产界

"太容易入门。很多人并不真的把它看成一种职业，只把它视为临时的过渡工作。"不过他说，就一份"临时过渡的工作"而言，报酬来得很慢。

你至少要有足够的钱来维持一年的生活。刚开始，一周要做 400 次的登门推销或电话销售，而且有 6 到 8 个月的时间可说是一事无成。然后，当你拿到一张中介提成的支票时，刚开始还不知道要从里面抽出 40% 到 50% 来支应种种费用，包括税金和中介公司收取的营运费。第一年之后，光是为了缴税，我就必须到银行贷款。

我姐夫和姐姐很辛苦地打拼房地产事业，2004 年赚了大约 75 000 美元，其中有一半都用来缴税和支付开销。

克拉克·尼可森 50 多岁了，在房地产事业上还处于初期零利润的阶段，他仍然满怀希望："现在越来越好，越来越好……我有很多的培训和学习，还有枯燥乏味的基本苦功要做，但我很有自信，不久我就会有一些客户和售屋清单。"当克拉克这么告诉我时，我只想到那个在帕特里克训练营里放声大哭的辛西娅，还有看起来也快哭出来的理查德——两个已经撑不下去，而且才刚要开始重新找工作的房地产中介。

另一种给失业者的非标准形式工作就是连锁加盟，也就是被人讥讽为"为自己买份工作"的事业，因为开业前就要先缴 1 万到 4 万美元的连锁企业店名使用权利费。[2] 早期，大家比较可能自己开创小型企业；现在，你可以买下一种已经预先构想好的企业，其中的经营程序和任何使用或销售的产品，都可以按月支付向连锁业主购买。大约有 40 万名美国人是连锁加盟业者，管理 800 万名员工，并制造美国 GDP 的 1/3——从甜甜圈、汉堡到健身中心，什么都有。但就像房地产生意一样，报酬不稳定，而且高涨的失败前景实在令人却步。社会学家彼得·伯克兰（Peter Birkeland）对各种产业的连锁加盟店做了研究，发现只有 25% 的存活率，而加盟的平均收入是 3 万美元左右。[3]

最后，白领失业者还有一种选择，就是数千种只抽提成的业务工作，例如 AFLAC 给我的那种工作。根据直销协会（Direct Selling Association）的统计，2003 年有 1330 万名美国人从事这种销售工作，卖出价值 250 亿美元的产品。在很多的案例中，这些工作不只在销售产品时有报酬，招募新人从事销售也会获得报酬，AFLAC 就是如此。从负面角度来看，直销界对于毫无戒心的人设下了代价高昂的陷阱——金字塔骗局（pyramid scheme），最终要推销的产品很模糊或根本不存在。例如有一套叫作 JDO Media 的产品，诱使人们靠招募他人来推销一套粗略不全的"销售计划"而赚钱——为得到这个赚钱机会，每一个新人必须先付出高达 3500 美元的金额。[4]

即使是合法的公司也只提供勉强糊口的酬劳，纯抽提成的业务员里只有 8% 赚到 5 万美元以上的年薪，有一半以上的人年薪在 1 万美元以下。[5]四年前，我有一位失业的朋友被卷入一场推销维生素的骗局里，真正的酬劳来源不意外，就是来自招募他人进入销售团队。我和他一起去参加由当地一名医生主持的说明会，让我印象深刻的是，主持人的重点在于招募他人来销售维生素，相较之下维生素的好处实在很不受注意。在他的努力之下，我的朋友损失了400美元，却得到一堆维生素存货，但愿这些维生素能弥补他所欠缺的健康保险。

AFLAC的工作成功上门后不久，我在一场招聘会活动上，又收到一个纯抽提成类型的"工作"邀约。玫琳凯（Mary Kay）化妆品公司并不是吸引我来参加招聘会的公司之一[6]，而且当我抵达时，就有一种想要避开玫琳凯展位的冲动。远远望去，他们桌上好像堆满了糖果——实际上是粉色的化妆品。由于没有潜在的新会员在他们的展位前排队，所以看顾展位的琳达（Linda）就站在桌前，在我闲逛着犹像下一站该去哪时，把我拦了下来。她告诉我，假如我填写一份表格，就可能赢得25美元和一次免费的化妆："正是你在找新工作时所需要的！"

她是一位身材庞大的女人，身着浅紫色套装，里面穿了一件白色的蕾丝上衣，眼影是和套装搭配的浅紫色，肩上还有一只高跟鞋形状的粉色水钻别针。我又再次猜想普莱斯考特为何要否决我那品味不错的银色胸针，尤其是琳达这种异想天开的装扮都能过关的话。我填好了只需联系方式的表格，还透露我正在找公关方面的工作。她的眼神飘过房间，说："我在一个高阶的公司职位上做了31年，有一天突然发现自己受够了。你做了那么多，而他们永远不给加薪。你和每个人都在竞逐升迁，你不能信任任何人，我从来都没有得到管理阶层的鼓励或其他女性的支持。"

"其他女性的支持"这句话让我站在原地无法动弹，试着去想象这个女人置身在她所描述的残酷职场的情景。如今，琳达的问题已经解决了。"我一周只工作20个小时，而且，你知道吗？我赚的和以前一样多。"此外，她一周还有两天时间在一家针绣店上班："你知道那里都是些什么人吗？女人。"换句话说，都是玫琳凯潜在的客户。她问我："你用过玫琳凯的化妆品吗？"

我坦承："没有，我想我比较喜欢欧莱雅。"

她不以为意地说："没关系，你可以这么说。你只是还没有试过玫琳凯而已。"

我们约好了下周电话联系的时间，她还祝我"有很棒的一天"。我依照她的指示，去玫琳凯的网站上拜读玫琳凯本人的智慧。玫琳凯是名老妇人，妆扮得有点像达斯汀·霍夫曼（Dustin Hoffman）在《窈窕淑男》（Tootsie）里的扮相。我得知业绩高的人可以赢得一辆粉红色的凯迪拉克轿车，还有他们的企业哲学是"上帝第一，家庭第二，事业第三"。我也和在亚特兰大认识的失业朋友利亚·格雷谈过，因为她曾经加入玫琳凯。

> 当你加入时，他们会在一间灯光黯淡的房间里举办一个小小的仪式，主管会为每一位新加入者点燃手中的蜡

烛，还会说一些鼓励的话。我必须承认，我觉得对我的品味来说，那有点低俗而且有点夸张。她说了一些像是："你们都做了一项改变生命的最重大的决定：加入玫琳凯。"讽刺的是，我是一个很难被说动的人，结果却掉进了这个陷阱。

当我们终于通上电话时，琳达热情洋溢地说："这是一项帮助他人的事业，很棒的工作。实在难以形容，因为我只要一说，听起来就像是个疯子。"

"预付金需要多少钱？"我问。

"刚开始整套费用只要 100 美元，再加上 13 美元的销售税和运费。现在这个年代只有 100 美元是创不了什么事业的！芭芭拉，我现在要实话实说了。我敢说你一定丢掉过挂在衣柜里价值 100 美元的东西吧。"

她接着又说，要学习在客户家里上"皮肤护理课"有多么容易。"我什么都教你，而且会提供你在课堂上要说的讲稿。他们不会在乎你是念的还是背的。"

琳达滔滔不绝地讲，让我很难插话，但利亚警告过我，她最后在化妆品上花了 700 多美元，才发现这行业并不适合她。所以我就问琳达，我必须花多少钱来买存货才够出去推销。

"存货，"她思索着回答，"通常都不会有人问到这个问题。当然，你一丁点都不需要买。不过，我不建议你这么做。我的建议是从 1800 美元开始。你一定要花这个钱吗？不。不过就个人的感觉来说，女人都不喜欢等上一段时间才拿到口红和睫毛膏。"

所以，1900美元才能开始。"那你们怎么处理健康保险呢？"我鲁莽地丢出这句话。

"你完全要靠自己。我自己本身有保险，已经好几年了。这是国家的一大问题，所以不只是我们的问题而已。"

我现在已经知道得差不多了，于是试图长话短说，声称自己还有一场约会要赶。琳达做出总结："看看吧，不要过度分析这些。这只不过是个有趣的行业和一个很大的机会。我没办法再多做解释了。"

所以，在将近7个月的求职、一回形象改造、一份昂贵修润且之后还更新过的简历、加上四座城市的社交活动，我总共得到两个工作上门的机会：AFLAC和玫琳凯。但这些并不是工作，不是我开始进行这项计划时所定义的那种工作。这些工作都没有提供薪水、福利或工作场所，别的地方应该还有很多除了提成之外也提供薪水和福利的销售工作。一份真正的工作对雇主是有风险的，他必须先做些投资以便赚取你的劳力。在房地产界、连锁加盟业和抽取提成的销售业务上，唯一冒险的是那个求职者，他必须预付一笔钱，还要投入好几天或好几周在无酬的培训上。然后他就得靠自己了，永远担心市场会疲软，或者有名无实的雇主会推出许多销售代表或连锁加盟店，和你抢地盘。

显然，没有人愿意在我身上冒险投资。他们是不是担心，一旦给了我健康保险，即使只有一个月，我就会跑去大肆做全身扫描和非急需的外科手术？任何一家企业愿意给我的，似乎就只是胸前挂着他们的商标，到处推销他们产品的权利而已。

我曾经把我寻求进入的企业界想象成一座山丘上的堡垒，挨饿的游民在堡垒外围游荡，受到群集的恶狼和野蛮人的攻击，乞求能被纳入那坚固城塔的保护之下。但现在我看到的是，这里还有另一个地带：一个稍微安顿好的营区，人们在里面辛苦地做些城堡居民发明的小事，以求取不明确的报酬。住在这个地带有一个好处：你不需要遵从城堡居民所受的僵硬体制；你可以真的"做自己的主人！"有些人做得非常好，得到了粉红色的凯迪拉克轿车，或是房地产交易得来的财富。更多的人则破产了，或是年复一年，努力半天只换得接近贫民程度的薪资。这里没有安全可言，恶狼仍伺机徘徊着。

第 **8** 章

向下流动

Downward Mobility

我竟然会去参加招聘会，可见我的期望值已经降低了。我的教练当中没有人推荐过招聘会，甚至提都没提过，因此我的印象是这类活动的对象是底层劳工而非专业人士。[1]有个网站刊出洛杉矶地区招聘会的广告，我发现广告上的一则建言印证了这个阶级定位观察：

> 参加前别忘了先梳洗——你可能会紧张，一点点香皂的香味可以遮掩轻微的汗味。我们建议您不要使用古龙水和香水，因为有些人可能对此过敏。这里可能也不是大幅强调个人表现的场合：试着避免穿戴花哨俗艳的衣服和首饰，最好也把刺青遮住。

在一个人们还需被提醒要梳洗的环境下，以我的棕色套装和十足自信的态度，以及身为衷心渴望晋升、精力充沛的专业人士，我可能会很引人注目。事实上，有各式各样的招聘会，有些针对比较底层的劳工，有些针对专业人士，有些则两者皆有，有些还局限于特定行业，例如保安。和网络招聘相较之下，招聘会公认的好处就是你和实际负责招聘的人有一段面对面的时间——大概有一毫秒的机会可以留下深刻的印象。

我在军方承包公司 CACI 的网站上发现一场很有希望的招聘会，之所以会查看这家公司的网站，是因为据说 CACI 的员工涉及伊拉克阿布格莱布监狱（Abu Ghraib）的虐俘事件，所以这家公司就成为我实践"危机沟通"技能的理想候选人。它的网站鼓励求职者参加 8 月的招聘会，而且还保证这场招聘会将有其他上百家公司到场招聘人才，一定有公司在找像我这样的专业人士。

招聘会地点在马里兰州郊区一家看起来很简陋的小酒馆，走进一处两层楼高的中庭，中间有一座巨型的吊灯装饰，粉红与白色的假花盆饰，还有一对半裸男孩手捧灯饰的新古典式石膏雕刻。中庭再过去，可以看到一排排展位切划出如洞穴般的空间，这幅景象不禁让我联想起一年一度的书展。招聘会有 100多个展位，从 ABC 供应公司（ABC Supply Company）到维切特地产（Weichert Realtors），还有我去面试的 AFLAC、家得宝（Home Depot）、男士衣仓（Men's Wearhouse），还有政府机关如边境管理局（Border Patrol）、后备空军（Air Force Reserve）和新港新闻警察局（Newport News Police Department）。有些展位还展示了他们公司的一些小纪念品：圆珠笔、钥匙圈、高尔夫球座礼物袋。很多工作人员穿着印有公司标志的 Polo 衫，这显示他们是层级相当低的小职员，不过谁知道呢？

到了 10 点半，大厅里挤了至少 500 人，有些展位吸引了长长的人龙，尤其是博思艾伦咨询公司（Booz Allen Hamilton）。而我，站在离时尚最遥远的企业领域里，甚至还在许多求职者中显得特别突出，他们大多穿着便服，有些人甚至穿了禁忌的无袖上衣和七分裤。但是阶级在这里并没有占到什么特别的优势。我发现，招聘会只是网络招聘的具体模拟形式，在这里我们不是送出简历来争取注意，而是亲自前来会面，但得到的结果似乎一样有限。所有的"面试"都是站着进行，即便是工作人员也没有椅子——这样可以比较快速地解决面试。当我排到队伍前面时，试着从大手提包（我知道应该要拿公文包才对）里拿出一份简历，并展现急切但不绝望的笑容。每一次会谈只有一分钟或更短的时间，并且以握手作结。

为了热身，我先去边境管理局，仔细研究了一下有人骑在马上的醒目海报。我问那个穿制服的工作人员："我会有骑马的机会吗？"他告诉我，边管局的年龄上限是 37 岁，我坦承自己已经超过这个年龄很久了。接着我又转到校园餐饮服务的主要供应商索迪斯（Sodexho）公司，更严肃地演练一次。那里有两个工作人员，我和其中一位握手，然后有点太过干脆地给他一记："你们可以寻求一些公关上的协助。"和我握手的那位工作人员看起来有点措手不及，但我继续缓缓地说："你知不知道校园里的反索迪斯运动？"[2] 现在另一个人扬起眉毛，承认他听说过这件事。

"这件事我可以帮你们，"我告诉他们，提供我的危机沟通箴言，"你知道公关不只是要点火，它还要灭火呢。"

我在 CACI 尝试运用同样正面对决的策略，只是稍微缓和一点。那名收简历的年轻女性（我应该要提一下，她穿了一件绝对不符合职场标准的荷叶边裙）在我提到公关时一脸茫然，把我转给躲在她身后的一位穿西装的男士。他们公司的网站并没有列出任何公关职缺，但那对我来说不是障碍；重点是要说服他们，不管他们了不了解，他们都需要我的服务。我知道我只有不到一分钟的时间可以用知识与技能让他留下深刻印象，所以直接切入重点。

"贵公司可能需要重新考量公关策略。"我尽可能温和地提出建议，还引用 CACI 的公关主任乔迪·布朗（Jody Brown）在《纽约时报》上对虐俘事件传言的回应，这点我已经事先研究过了。

"她说了些什么？"他问。

我告诉他："这是语言表达的问题，她称之为'不负责任且恶意'[3] 的传言。换句话说，她在敷衍了事。你们需要以严肃的态度来处理这类事件——像是'我们很严肃地看待这项指控，并且已经着手进行全面调查'。"

他看起来好像真的很感兴趣，至少眼神接触持续了一段时间，所以我又急切地说："你看，像她这样的回应简直是火上浇油。熟练的公关人员职责之一就是要灭火。"

到目前为止我们一切都进展顺利,早已超过了我限定的时间。他拿了我的简历,并力劝我不要用电子邮件,而要改用联邦快递把我的简历寄给乔迪·布朗。

我离开时微笑着要求他:"不要把我说的话告诉她,好吗?"当我两度回头匆匆一瞥时,他的视线仍然跟随着我,这应该是个好兆头,不过从他们的企业属性来看,那实在让我毛骨悚然。我赶忙跑去咖啡桌,桌上点心已被洗劫一空,在这难得的道德清醒时刻下,我认清了一项事实,那就是我的专业弹性并不包含为虐俘的传言辩护。乔迪不会收到我的简历。

不久后我就看出,和CACI的互动过程在深度与延续性上都很不寻常。我发现,这些公司的工作人员多数都未获授权来处理专业人士的应聘;他们的确是在钓前线、基层的职员。黑水(Blackwater)是一家安保公司,接受美国企业和私人委托,提供伊拉克境内的文职服务。有两位穿着黑水Polo衫的女士,听到公关这个名词时一脸茫然,然后又很快回复到嚼口香糖的一致动作。在提供"信息技术管理服务"的国际信息销毁协会(NAID),他们告诉我公司在巴格达的运作中心或许有空缺,但这里不是应聘在巴格达工作的地方。我一家家地排队,把简历留给各家公司,包括贝塔分析(Beta Analytics)、北极鲸支援服务(Bowhead Support Services)、坎贝尔公司(Camber Corporation)、卡斯特公司(Custer Battles,"一家国际商业风险咨询公司")、伊多公司(EDO Corporation)、EG&G技术服务公司（EG&G Technical Services）、独立航空（Independence Air）、伊诺瓦健康系统（Inova Health System）、SRA国际（SRA International）、泰罗斯公司（Telos Corporation）、优利系统（Unisys）和洛克希德·马丁公司（Lockheed Martin）。每个地方的回答都一样：公关是"公司职务"，我应该到公司的网站去应聘。

我尝试和队伍中的求职者攀谈，但大多碰壁；毕竟，我们都在为那有限的机会竞争。不过，在伊多公司的队伍里，我发现自己排在一位驼背、大约50多岁的男士旁边，从他的西装和领带看得出他也是一位专业同行。是的，他是一位管理人，实际上是一位系统管理经理，已经找工作4个月了。我问："你觉得这个地方值得来吗？""嗯，他们只会叫你到他们的网站去应聘。所以我就在网站上应聘，一周后再打电话给他们，结果他们根本就不知道我是谁。""所以参加这些招聘活动没什么意义？"他耸耸肩："我还是会去，这让我觉得好像有点事做。"

马里兰招聘会后，我在公司网站上的应聘连个肯定的回复都没有，这样的挫败再加上电子邮箱持续无声无息，种种迹象都显示我定的目标过高这个可悲的结论。当然，我怪罪金伯莉鼓励我把自己想象成一位公关副总裁或类似头衔的管理人。事实上，我似乎比较像是AFLAC的料，假如以真正有薪水的工作来说，我则比较接近办事员的层级。所以我咽下了管理人的骄傲，开始思考更实际可行的可能性。由于我打字慢又缺乏现今秘书必备的软件技能，于是就应聘了一两个接待人员的工作——同样没有下文。我甚至还应聘过一个在交通运输安全管理局（Transportation Safety Administration）指引飞机旅客的工作，直到我注意到欺骗联邦政府可能面临的惩处，这份工作不值得我冒险。我决定再参加另一场招聘会，这次，我以一种更谦卑的心境，对任何事都持开放的态度。

我对 JobExpo 公布的招聘会有什么样的工作同样毫无概念，套句一位年轻的南印度 IT 求职者的话，结果比马里兰州的那场还惨，"完全是浪费时间"。这场招聘会在新泽西州爱迪生镇的假日酒店舞厅举行，简直就像是一场错误百出的毕业舞会：只有七家公司出席，没有展位，只有沿墙排列的桌子，顶多有 30 位求职者在那里游荡观望。求职的人数这么少，代表经济情况有所改善了吗？或者，这么稀少的潜在雇主，表示经济情况更加恶化了吗？但把雇主靠墙排列的舞厅配置，像是一种奇怪的权力位置：他们是壁花，而我站在舞池的中央。

为了呼应我已降低的期望，我放弃了困难的"公关"头衔，把我的能力扩展到"沟通"，或者就像我现在对外宣称的："任何与文字相关的事"，包括"讲稿撰写、演讲辅导、内部沟通、媒体关系"。我的第一站是 AIL，一家在找销售代表的保险公司，站在桌后的人欣然邀请我下周三参加一场"集体面试"。他把"10:15，三"写在一张卡片上，证明这家公司在用字方面的确需要一些帮助。美国电话电报无线公司（AT&T Wireless）也在找销售代表，但一个擅长文字表达的人同样可以在此遇到足够的挑战。这家公司在招聘会上的广告词是这样写的：

> 你有天分吗？你准备好要善用你的技能了吗？例如你是个学新东西很快的人，你擅于找出解决问题的办法，还有你可以用专业的方式和别人相处。

当我告诉 AT&T 的人我做的是"任何与文字相关的事"时，他回答："所以你擅长的是人际关系。"然后收下我的简历。

我一桌桌地晃过去，遇到赛柏公司（Ciber）的迈克（Mike），我和他聊到蟹饼，得知他假期都在切萨皮克湾（Chesapeake Bay）玩风帆。我再次遇到一些边境管理局的人，他们提到酒就有说不完的话题，每个人都对纳帕（Napa）的酒赞不绝口，但南加州的酒也不遑多让。当我的善意和逐桌拜会的精力都耗尽后，我晃到走廊，那里有位年纪稍长的非裔女士和一名浅肤色的年轻男士，坐在一张没有靠背的沙发上。他们都没有穿正装，那名男士还大胆地穿了有穗边的运动裤，而且还戴了一只仿钻耳环。"运气好吗？"我问他们，看到他们一脸沮丧的表情，还恼怒地挥挥手。自我介绍为马克（Mark）的那个男人说："他们要的都是销售人员。而我最讨厌的就是推销了。"

"来吧，亲爱的，歇歇脚。"他们邀我坐在两人中间——这实在有点拥挤，我和那位年长女士的屁股都碰在一起了。马克说他是行政助理，但他似乎每件事都得做一点：制作促销短片，即刻处理处方药使用者的抱怨，PPT 和 Excel 就更不用说了。他漫不经心地说："我不想改变世界，让那些 CEO 做就好了。只要给我一份工作，我就会把它做好。"他所有的工作似乎都是通过临时工服务中介找到的。我推测："我想那就是他们要我们所有人做的事——临时工。"

年长女士说："对，这样他们就不用付你的保险费了。"

马克坚称这类临时工作是让自己在公司"找到立足点"的好方式，但后来又说了一件与此矛盾的事，他在两个月内完成一项老板本来觉得需要半年才能完成的项目。"他把我叫进去，然后说'再见'。我努力工作到失业的地步。"

我鼓起勇气说出口："所以或许你需要放慢一下步调？"

年长女士附和："是啊，拖一下工作。"

他们两人都放声大笑。我也跟着笑，不知怎么了，我们就是停不住笑，腿贴着腿坐在那个无形的美国企业界之外。旁边沙发坐着一个看起来很紧张的亚裔，正在研究招聘会上的公司名单，连他也以内疚的笑容加入我们。他们要离开时我感到很难过，我这才发现，马克是州立职业介绍所提供的当地招聘会大巴巡访团的成员，他的女伴原来是巡访团的大巴司机。我惊觉，在将近一年的求职过程中，这是我第一次和一位求职伙伴一起笑得这么开心，而他的层级远低于我想象中的"管理层"。

也许我应该问一下他们，我是否可以同去。不过他们刚才提到"这条街再过去"，在马里奥特饭店（Marriott）还有另一场招聘会，于是我决定步行前往。问题是，这宽广的工业园区里没有人行道，而我那有点跟的鞋子一直陷进湿软的草地里，让我走起路来摇摇晃晃。路上空荡荡的，除了几名西班牙裔的男人（我猜他们是领日薪的劳工），他们不记得在附近看到过马里奥特饭店。一阵细雨从空气肮脏的夏末天空里徐徐而下，在我棕色的套装上留下斑点，就在我正打算回去时，马里奥特饭店的标志赫然出现在左方。不过这里只是马里奥特假日酒店的中庭大厅，前台人员告诉我，如果有任何招聘会，比较可能会在另一头提供完整服务的马里奥特饭店举行。所以我又蹒跚地走过假日酒店，来到真正的马里奥特饭店，途中又和一些行人擦身而过，他们都是需要肌肉而不是简历的阶层。假如企业界是一座城堡的话，我已经被降级到要在它周围徒步绕圈圈了。

马里奥特饭店并没有招聘会。我经过前台直接走到舞厅，发现一个写着"大都会保险"（MetLife）的指示牌，走廊上有一排丰盛的自助餐，大都会保险的职员都坐在平行排列的桌前，很多人还在慢慢吃盘中的食物。我何不干脆走进去坐下，假装是他们的一分子？在拖着身体走回酒店前先休息一下，幻想自己已经找到工作，而且重要到可以被派到外地去开会？在法国电影《失序年代》（*Time Out*）里，一位白领阶层的失业男性从未对家人透露他的情况。他每天早上起床，假装去上班，有一次甚至还进入一家企业的玻璃大厦，提着公文包在里面到处游荡，对遇到的每位忙碌职员点头，还在中庭的一张扶手椅上休息，直到他终于遭到保安的盘问为止。如果你是个白人，而且手上没有推着购物车，那么你几乎什么地方都能去。

我装了一盘鸡肉卷和沙拉，然后溜到最靠门的座位。我旁边那位穿着套装的女士没有注意到我，因为她忙着做好多事：一边看着前方的PPT，一边咬紧牙根拔除手指上的肉刺。其他人似乎也都一样注视着荧幕，上面写了："费率、承保规则与算法、经验费率试算表、策略、u/w指导原则。"根据我所能理解的，他们正在讨论可以拒绝多少份索赔申请而不至于流失客户。更有趣的是我们桌上可以拿到的玩具：我桌上的蜡笔、前排桌上的蜡笔和小罐的培乐多橡皮泥。一名50多岁的男士把他的橡皮泥捏成了一个南瓜形状的东西，每片南瓜瓣有不同的颜色。所以这就是在圈内的感觉——困难且提心吊胆，没错，但也有幽默的小鼓励来复原心情。

然后有个男人从走廊走进门，直接走到我的面前。他压低声音，和我握握手："我是迈克（Mike），你是？"我给了他名片后，他想知道我是哪个部门的人。

"通信。"我告诉他。

"哪一区？"

"啊，丹佛。"

他给了我一个心照不宣的微笑就离开了。我刚才怎么没想到，在丹佛之后再加一句"我们那里正要展开一项新计划"呢？也许他认为我是安泰保险公司（Aetna）或联合保险（Unicare）派来的间谍，正准备叫保安进来。我给自己最后10分钟把盘子清光、歇歇脚，这背后的痛苦实情是：这段幻想是我最能够接近企业界的时刻。

整个 9 月我持续寄出求职信并打电话、进行后续联系，直到极度的无力感把我淹没。假如这是我的真实生活，而我的实际生计濒临险要关头，心情一定会很焦急。但即便在这种记者伪装求职者的情况下，我不免还是有被拒绝的感受。我一生当中，我指的是我真实的一生中，遇到过种种怪异状况，但总能设法成功渡过或至少熬过去。我难道没有勇气、缺乏机智，甚至连一点点的魅力都没有吗？从什么都没有的情形看来——没有人回复，没收到半点愿意接受的表示，连表明兴趣都没有——答案显然是没有。

　　接着，我也要坦承，自己其实很期待从企业界逐渐且当然是自愿地退出。根据原来的计划，我要工作 3 到 4 个月——为公司促销增强性欲的药品，或是为止痛药所造成的死亡找出合理化的借口，直到说再见的时刻。我会突然对困惑的老板宣布我还有更美好的事要做，也就是我实际的生活。而且我那自由工作者的自由，的确比我在办公室或小隔间里所能找到的任何东西都更好——现在我比以前更能看清这一点了。但我已不能再想象那完全是我自己的选择。企业界已经宣示了，它一点都不愿意和我扯上关系，即使是亚历山大版本的芭芭拉，那个微笑、套装打扮、永远顺从的我，它都不要。

　　对那些无法挑剔社会地位或酬劳的人来说，美国当然有不少工作可以找。每年有成千上万的移民涌进这个国家，做些草坪维护、建筑工人或是家庭清洁工、保姆、肉品加工的工作。

即使没有新的工作缺额，对那些勤快和绝望的人来说，低薪工作市场的高流动率，确保了稳定的职缺。对白领阶层的求职者来说，这些是大家都知道的"谋生工作"（survival job）——在等待"真正"的工作上门前有点事做。但这个目标可能有点过于乐观。

到了9月底，求职生涯正式结束，我开始试着去追踪一些求职者的后续状况。当初我收集了他们的名片以便进行严肃的访谈，告诉他们我在为一份商业刊物写一篇有关失业白领的文章，以便一边继续找工作一边赚点外快。（不久后，我再度联系他们，告诉他们这篇文章已经扩展为一本书，而且照例会用我的笔名芭芭拉·艾伦瑞克来写。）有11个人回复，没有一个找到"真正"的工作。即使是那些初遇时相当具有防卫心的人，现在都很热切地想谈谈他们的策略，而大多数策略都包括先找个谋生的工作再说。

当然，并非每位失业的专业人士都必须考虑找个谋生工作，至少不是马上就这么做。许多我求职时遇到的人，都已从职业生涯中累积了足够的资产，可以让他们轻松撑个一两年，即使同时还掏钱出来给职业教练和职业中介公司也没问题。其他人则利用各种不同的策略来维持中产阶级地位：他们把持家无业的配偶送去低薪的劳力市场，放弃了只和奢侈沾上一点点边的享受（例如外食和其他的娱乐活动），在自家前院或在网络上变卖珍爱的家当，搬到比较小的房子。52岁的约翰·皮尔仁（John Piering）是被裁员的IT人士，有两名年幼子女，他这样形容他的家庭努力苦撑下去的情形：

> 我们限制多久出去一次，而且停用信用卡。很幸运地，
> 我们的房贷还挺低的（每月大约 650 美元）。问题比较大
> 的是水电燃气费，费率一涨再涨。我们把窗户打开，减少使
> 用冷气。我们为了孩子保留了有线电视，为了方便求职保留
> 了高速网络。

皮尔仁 5 岁大的孩子必须上幼儿园，每月要花 125 美元。他
的太太有一份"装填信封"的临时工作，夫妇俩现在和许多上班
族夫妇一样，分配时间来照顾小孩："我顾白天，她顾晚上。"

失业保险是失业者可以先依靠的救济，但这份保险只提供
原来薪水的 60%，而且 26 周后就中止。2004 年，360 万失业的
美国人在找到工作前失业救济金就用完了 [4]，而当这种情况发生
时，即使是中年人也都转向父母求救。45 岁、从事通信业的希
拉里·迈斯特，一场大病使她暂时不能找工作，因而搬回父母
所住的城镇。她说："如果没有我的家人，我一定早就流落街头
了。"以前做销售的史蒂夫，考虑要学些有关酒的知识，以取得
在一家高级餐厅当服务生的资格，他打算放弃目前月租 845 美
元的公寓，改租一间附有厨房设备的房间。"我只需要一个给电
脑充电的地方就可以了，"他也坦承，"我的家人都还在帮我。
否则我几乎就要流落街头了……但他们一直在问：'你到底怎么
了？就去找个工作，任何工作都好。'"

不幸的是，最终听从这种建议的前白领人数，并没有可靠的资料可查询。美国劳工统计局（Bureau of Labor Statistics）衡量"未充分就业"（Underemployment）的标准只以时数来计算；也就是说，只有当你在兼职却比较希望做全职工作时，才能被称为未充分就业。2004年3月，失业率是5.8%，如以非自愿兼职来严格衡量，未充分就业率则是10%。至于受雇于未利用其教育或已有"技能组合"的低薪工作人员之比率，则没有可靠的估算数据可查询。

　　不过，我倒是发现不少处于这种情况的人——以必须从事不符合其技能的工作来看，从失业到未充分就业都有。例如，史蒂夫试过沃尔玛，但发现"对一名专业人士来说，这是很艰苦的工作。他们找的是薪水很低的人，例如一个小时8块钱"。正如我前面所说，他现在考虑到一家很高级的餐厅当服务生，说不定在那里能有和顾客攀关系的机会。以前做过记者和公关的盖理（Gary），告诉我他目前在百思买（Best Buy）、环城百货（Circuit City）和家得宝找初级的职位。这些人一旦找到了服务生或销售"助理"的工作后，在联邦政府的眼里就不再是"失业"的一员了。就整个大社会而言，案件结束，问题解决了。

　　其他长期失业者沉沦到更低的社会经济地位，做一些通常由新移民或完全无学历者所做的工作。约翰·皮尔仁从一位IT人士沦落为替人搬家的临时工，能找得到的他什么都做。希拉里·迈斯特试过在聪明宠物馆（PetSmart）帮狗洗澡、美容，直到过敏发作为止。41 岁的程序员迪恩·葛兹乔克（Dean Gottschalk）在开接驳巴士。我在烤蒜餐厅遇到的前销售主任利亚·格雷，首度被裁员后就一直在做卑微的底层工作。

从刷马桶到打扫公寓的时薪 8 块钱工作，我什么都做过。这种工作我做了 8 个月，唯一得到的好处是瘦了大概 10 公斤。这让我能够重新以感激的心情，来看待绝大多数都是做这种工作的西班牙裔劳工。

利亚的求职过程有时压力十分沉重，她在一封电子邮件里写着：

这么多逼不得已的情况对我造成很大的伤害。我经历了许多个"第一次"。第一次，我被送到急诊室，诊断出得了严重的恐慌症……我必须把车停到路边，赶快打 911。我的心跳加速、喉咙肿痛、全身麻痹，驾驶技能受到严重的影响，使我无法握住方向盘，而且我开始发抖得很厉害。这绝不是一次愉快的经验。第二个"第一次"，我实在很不好意思承认，我接到大约是 900 美元的治疗费账单催缴通知……第三个"第一次"是，我现在负债 73 000 美元，到我信用卡刷爆前，我还有 16 000 美元……所以，我还真的开玩笑说，我不介意自己的身份被盗用。因为那样我就不用担心债务问题了。

当我 10 月和利亚谈话时，她才刚开始在一家连锁零售店工作，"整天站在水泥地板上"，时薪 7 块 6，而且没有福利。她觉得这一次她没有什么选择的余地："我做这份工作的一个理由是，我试着选离住处 8 公里内的工作，因为我不想把钱浪费在汽油上。"

像这种疯狂的另类替代方案，需要某种程度的弹性，这是多数有创意的职业教练想都没想过的。就拿有两个孩子的非裔单亲妈妈唐娜·优多维克（Donna Eudovique）的例子来说好了，长达 8 年的求职过程把她转变成一位杰出的"万事通"。当她离婚后搬到乔治亚州时，就像我在科罗拉多州的姐夫一样，发现若是不能投下巨资去修更多的课，她的教师资格证书根本一无是处。自那以后，她大概什么事都做过：在乔治亚州电力公司（Georgia Power）开卡车、在 UPS 托运公司做邮件分类、在打印店打工、安装瓷砖和硬木地板。我 9 月和她通话时，她正在当日薪 90 美元的代课老师，在没课可代的日子里，就缝制订做的服装来卖（这可不是普通的技能）。她告诉我：

> 当你到了 48 岁的时候，你预期根基已经打好，可以坐下来，而且知道你的钱会从哪里来……但我已经做得头昏脑涨了……我还有孩子要养。没错，我很丧气，但为了生活，该做的我还是会做。我本来有拿食物券的社会福利资格，但他们停发了。现在我要试着再把这福利要回来。

健康保险则是失去已久的奢侈。"我只能确定自己保持得非常健康，"她笑了起来，"吃得好、服用草药、每年在一家分级收费的诊所做定期检查。"当我问她为何还能谈笑以对时，她说："我最多也只能做到这样了。我已经没有多余的眼泪可流。"

在一个人沦落到低薪、卑微的工作时，不是希望那等待已久的电子邮件终于到来，提供一份更合适的专业工作，不然就是希望那谋生工作会提供一条向上流动的途径。但这份谋生工作可能会阻碍更佳工作的寻求。教练们强调找工作就是一份全职的工作，对此我虽然存疑，但找工作这件事很容易一天就消磨掉好几个小时——对那些做谋生工作的人而言，是不可能有这些时间的。那个由程序员转为巴士司机的迪恩·葛兹乔克告诉我："一天工作 10 到 14 个小时下来，实在很难继续找工作。我得暂时减少求职面试，我所剩的时间只够啃一口汉堡而已。"想要上课学酒的史蒂夫有一些失业朋友在家得宝和劳氏五金行（Lowes）做事："但在搬了一整天东西后，他们累到没法再去找工作。"利亚·格雷遇到的是另一个失业者和未充分就业者熟悉的问题：虽然她的体重曾经在做体力劳动的工作后减轻了一些，但过去这一年来的压力却造成她的体重增加了近 14 公斤，而她买不起一套参加面试用的新套装。

盖理失业不久后，他怀孕的太太必须辞掉工作在家卧床安胎，而对于通过大型连锁店的谋生工作爬升到管理层的机会，他抱持着乐观的态度："光是想象再回到往常的生活方式，感觉就很好。这可能会导向某种大机会，你总要一脚先跨进门里，必须先保持乐观积极的态度。"同样地，史蒂夫相信假如高级餐厅服务生的工作没有成功，到星巴克当一名服务生，也可能得以成为时薪 10 美元的值班主任，不过他知道"你必须非常操劳"，才能做到那个职位。很多失业白领不知道的是，他们的专业前景与展望，可以反过来阻碍他们在谋生工作上的成功。约翰·皮尔仁离开了无线电器材公司（Radio Shack）的工作，因为他有自己的管理观念，而且"不喜欢他们做事的方式"。唐娜·优多维克有一次被开除，因为她拒绝放弃专业形象："老板告诉我不要穿成那样——我穿裙子和套装。他们要我穿蓝色牛仔裤……他炒我鱿鱼，然后告诉我是因为我穿衣服的方式。"就凯瑟琳·纽曼（Katherine Newman）在《失却天恩》（*Falling From Grace*）的观察："对于如何超脱过去的自我，没有任何指导方针；对于这存在于社会文化真空中陌生的、向下流动的变动，也没有任何的教导或训练。"[5] 他们所受的职责训练，是至少需要一点领导力和创新力，但他们对于突然丧失地位并没有心理准备。

而且不论他们有多乐观、多有创意和弹性，失业者和未充分就业者都明白，时间永远在身后滴答作响。失业的时间越久，你找到适合工作的机会就越小，而且像"销售助理""巴士司机"或"服务生"这样的工作，对你简历中越来越大的空窗期来说，也不是什么吸引人的记录。同时，你的年纪必然已经过了职业吸引力的高峰，现在这高峰大概在 30 多岁。经历不算是一种优势；事实上，正如理查·赛内特对企业聘雇的观察："当一个人累积更多的经验后，就失去其价值了。"⁶ 所以一旦你掉进低薪、谋生工作的陷阱里，留在那里的机会就很大——从一个更宽广、更有希望的世界勉强移居至此。

1960 年代中期，中国做了一项让社会阶级无预警向下流动的实验。有一部分是将成千上万的管理阶层和专业人士突然下放到农村，在田间和农民一起工作。他们是对国家经济发展非常重要的一群人。表面上看来，这个计划让被下放的专业人士能体会到他们本身福祉所植根的辛劳耕种，就像利亚·格雷开始能够尊重那些支撑北美经济的西班牙裔劳工的辛劳一样。但无论社会阶级的向下流动对整个社会有什么补偿价值，从事一份"谋生工作"的经验，对那些受过训练、预期有更美好荣景的人来说，是很心酸的一件事。那些移居的人，并没有变成更好的公民，实际上很多人都因这样的经历而一辈子痛苦怨恨。在一个完全以收入和地位来衡量价值的社会里，情形或许还更严重，社会阶级的向下流动带来一种失败、被拒绝和羞耻的感觉。

我没有追随我的求职伙伴们到谋生工作的世界中。我在这项计划里所占的优势是，只要轻松说声"游戏结束"，然后再回到寻常的作家生活就可以了。而我的求职同伴们仍在那里徘徊，飘荡在无底的深渊之上。

结　语

Conclusion

　　我有可能做得更好吗？回顾过去将近一年的求职过程，我可以找出很多后悔的事。例如有好几周没有"更新"我在求职网站上的简历，也就是说，只要稍加调整一些小地方，即使是标点符号也好，我的简历就可以在成堆简历中重新被放到最上面。另外，还有很多后续联系的工作没有切实做好，像是没有打电话追踪简历，不过这通常是因为找不到联系人的姓名。也有可能是受到总是积极主动的金伯莉所鼓动，我把最初的目标定得很高，把自己定义为"管理"阶级，而且在期望待遇栏过于自负地填上年薪 6 万到 7 万美元。还有，不管明智与否，我没有善加利用像"疾风简历"（résumé blaster）这样的服务，只要付费就能把你的简历任意传送至上千家公司——我认为这会让各家公司备受骚扰。

　　事后回顾，可以看出我那份美化后的简历中有一些可能被排斥的特点。在那份简历里，我把咨询客户的机构团体改为实际的雇主，借以填补我的职业空窗期。再来，我把自己在某所大学新闻传播学院以自由工作者身份接办活动策划的经历，改成教导公关系学生的客座教授，这的确还挺接近事实的，不过我实际上是教新闻系的学生论文写作，而不是公关系的学生。当时我的想法是，一个实际做过各种工作的人，会比一个只是在短期合约间跳来跳去的人更有吸引力，当然，教师的身份应该非常够格称得上是实务工作者。但我选择的这份特殊职业可能导致我的简历立刻被删除。一直到求职过程接近尾声时，我才从麦尔所著的《主管心忧忧》中学到"学术界的臭气"很可能会搞垮你的职业生涯道路。[1]

像年龄这种比较不能变动的属性，也可能对我不利。简历只透露我的年龄可能在 40 岁以上，但即使这相较其他失业者来说还算年轻的年龄，还是可能吓退许多潜在的雇主。商业记者吉尔·弗雷泽警告我，除非有人想要找"妈妈型的秘书"，否则一位 40 岁以上的女性是很难被雇用的。很多人都提过年龄问题，其中，凯瑟琳·纽曼记录了企业界的年龄歧视问题，她援引一位华尔街主管的话："（假如年过 40 岁，）雇主会认为你不再用大脑思考了。过了 50 岁，（他们）就认为你已经油尽灯枯了。"[2] 但越来越多 50 岁以上的人延后退休时间或仍在找下一份工作，部分原因是能享有退休金的人已变得十分罕见。劳工部估计 2012 年 55 岁以上的劳工占总劳动力的比例，将从 2002 年的 14% 上升到 19%。[3]

另一项不利的条件则出自我伪装观察的事实。和我同龄的普通求职者，在失业时应该早就建立了一堆可以投靠的人脉关系，也就是通过之前工作单位和社交关系所认识的人。很明显地，我不可能投靠朋友，要求他们帮我在公司暗助我卧底的身份，或是拿自己的信用冒险替我在其他公司做担保。我比其他求职者更须完全靠自己，而且也必须在一个陌生的环境下挖掘新的人脉关系。

但我对这件事情已经全力以赴了。交辅导费给职业教练、到各地参加社交活动和管理层求职的训练课程、做过一次外表形象改造，而且尝试软化向来直率的性格，使自己变得比较"平易近人"并具备"团队精神"，不过这部分可能没那么成功。我每天花很长的时间趴在电脑前，还有打电话。我至少读了十本谈如何社交、如何面试、如何自我推销的书。没错，我可以付4000美元给像麦卡锡这种公司来改善自己，让他们带领我进入他们的关系人脉里。然而，我已经花了6000多美元在各个教练、旅行、训练及社交课程、书籍上，还有在"精英"或"VIP"级求职网站求得一席之位。如果这世上还有完全不同的求职方法，我遇到的所有求职者似乎都不知道呢。

在这么多运气不好的求职者当中，很多人求职成功的可能性比我还大，因此我相信，我的求职努力做得应该还不算差。求职时遇到的人，大部分都有比我年轻的优势，对企业界及其期望熟悉透彻，至少他们在失业前的简历，都算得上没有职业空窗期。在很多案例中，他们管理过众多职员、处理过庞大的财务、完整执行过重要的项目，有的甚至在大受褒扬后，被要求收拾桌子走人，而且通常很突然。他们像我一样利用求职网站、社交团体，还有管理层的"过渡"课程。事实上，我猜很多人都比我更规律地想把求职转变为一份在家进行的全职工作。但几个月后，多数人都和我一样，连一份工作的边都沾不上。

不过就某种意义来说，我还算成功。就算我并未跨越企业界的门槛，至少也尝过白领阶层最悲惨、最不安定的生活阶段。我所受的教育并不是为了面对这样的世界，我想，这也不是我在这个世界中遇到的多数求职者所预期的。

那些像我和求职同伴们一样的美国中产阶级，如从前的新教徒一般对人生怀抱期望，以为努力工作会获得安逸的物质生活作为报偿。这个古老观念对劳工阶级来说，从来就不是实情，多数人的工资根本不能和付出的辛勤劳动相比。如今，社会学家都同意，这个观念对那些构成企业体制、受过教育的中产阶级而言，也越来越不真实。正如社会学家罗伯特·杰克考尔做出的结论："成败与否似乎和个人的成就没有多大的关系。"[4]我在求职期间遇到的失业者，有些是大幅裁员下的无辜受害者，有些则正值职业生涯的上升期却突然被解雇。我在ExecuNet研讨会中遇到的保罗就说，他被裁员正是因为他的高薪。利亚·格雷说，她被上一份很好的工作单位裁员前，才刚获得备受赞美的评价。杰夫·克莱蒙特（Jeff Clement）在他被炒鱿鱼的同一周，才因他部门的优秀表现受到COO表扬。

正如马克思所观察的，虽然他出乎意料地赞赏资本主义的活力，但他认为资本主义从来就没有办法担保稳定性，像IBM这种绩优股公司提供终身职位给白领阶层员工，已经是上个世代的事了。如同畅销书《谁动了我的奶酪》的建议，流离失所的专业人士在旧的奶酪被搬走后，必须学习适应新奶酪的口味。但是当有技能和有经验的专业人士屡屡发现他们的技能没人要，或是经验被打折扣时，那就表示一定是发生了什么问题，深深地切断维系我们的社会契约。

一次次的失业，就算没得到什么，也多了一些时间来思考到底怎么了。习惯于每周工作60到80个小时的人，无论是在办公室、在家或通勤路上，都突然发现自己多了好多时间。这些时间不只让你可以好好省思，问自己："我真正想做的是什么？"——这是职业教练总敦促你去思考的问题——同时还让你更广泛地思考："这幅职业生涯规划图到底哪里不对劲？"

而且你不需要独自去面对这样的问题。人们都有一种自然倾向，想去接触其他处于类似不幸处境的人。乳腺癌患者、赌徒，还有债务缠身者，常常以支持团体的形式固定聚会，以求得安慰与实用的小道消息。而现在，企业裁员的白领受害者或许比其他任何时候更有机会一起面对共同的问题。多亏了"过渡产业"，有许多社交活动和辅导课程让失业者和岌岌可危的就业者能够固定聚会、分享。这些活动可能引起广泛的讨论，或许会促成某种行动。

不过根据我的经验，这样的讨论或行动都不会发生。[5] 当失业者和焦急的就业者向外寻求人为帮助和团体支持时，回应的援手常常显现出掌控与掠夺的性质。有一小时要价 200 美元的教练，他们煞费工夫拖延简历的修改美化，以大众心理学来授课；有侧重管理层的公司，出售办公空间和一次施舍一个名字的人脉渠道；还有在各地教会的广告中自称有具体帮助的团体，但结果除了个别教派的宗教慰藉外，其实提不出什么实质的帮助。在这些场合中，任何关于经济及企业的统治这类可能具破坏性的谈话，都不容许发表。

我可不是说这种压制意见的做法是故意的。即使失业者和忧虑的白领阶层劳工被允许自由讨论失业的情况，对于这类讨论可能造成的改革威胁，也没有人会公开提出警告。但无论那些教练和社交活动组织者的动机为何，他们努力的结果就是转移大家提出的难题，以及这些问题可能暗指的异议，使大家不去注意。

例如，他们屡屡告诉我们，要把求职当作工作本身，最好找位朋友或教练来"监督"，这些似乎都是用来预防煽动性思想的。求职者的大部分"工作"——网络搜索与申请，都公认没什么效果，除了填补原可用来省思问题根源的时间空当外，似乎并没有什么功用。然后，再来看看教练提议比网络搜索更能善用时间的社交活动，虽然创造了失业者间团结一致的可能性，让大家有借口聚在一起，交换个人故事，或许还可讨论共同的解决办法，但由于社交的性质使然，容易破坏求职同伴间最初的团结，最好的情况是彼此提供渠道或消息的来源；最坏的情况则可能被视为竞争对手。

在我参加的许多活动中，即使是初步的人际交往也是不被鼓励的。我离开一场 10 到 50 人参加的聚会后，往往还是不知道任何人的姓名、职业或职业生涯轨迹，我对这一点感到气馁，除非我设法在前往停车场的路上，拦住一些参与活动的同伴们，否则根本不可能找到认识的机会。部分原因是，多数活动都包含许多繁重的"灌输信息"——财务与网络信息、《圣经》教学等，以至于没有多余的时间可以进行非正式的社交活动，结果永远是必须舍弃严肃的讨论或个人经验的交流。在我参加的社交活动和辅导课程中，人们常常都因能够和其他处境相同的人有所交流，而表达出感谢之情。"至少现在我知道自己并不孤独"是他们共同的心声，但这些活动所提供的经验交流实在很少！

最后，再看看这些经常要我们保持或培养"必胜态度"的指示。不用说，一个微笑自信的人在面试时会比一个抑郁的人更成功，但这个指示不只适用于特定互动下的自我表达：你必须要实际感觉"积极"，像个胜利者一样。你必须放弃任何"负面"的想法，也就是说，你尤其要放下因失去上一份工作而持续累积的怨恨。我引用了一个网站里的警语："假如你对前任雇主感到很愤怒，或具有负面的态度，对方是看得出来的。"禁止愤怒似乎不太可能培养出真心的接受或"复原"，而且这一定会抑制任何有关企业体制问题的谈话。"我为公司付出这么多，为什么还会被遣散？"这个痛苦的问题在说出来以前就被截断了。

"过渡产业"造成可思考的范围变得狭隘，并排除集体行动的可能性，而这不只是那些给求职者的指示所造成的。在针对白领失业者的书籍、辅导课程和社交活动中，求职者若想对自己的状况做更广泛的社会性了解，没多久就会遇到具明显敌意的意识形态。根据我的经验，最突出的就是类似埃哈德式小组疗法（EST）责怪受害人的意识形态，以帕特里克·诺里斯和他推荐给训练营学员的书为代表。回想在训练营时，当有人怯怯地暗示说，可能有一个受到市场界定或由 CEO 们统治的外在世界时，这个说法立即遭到驳斥：这个世界只有我们这些求职者，必须改变的是我们。"要保持必胜态度"这个常听到的说法，则更委婉地传达同样的信息：要内省，不可以向外看；这个世界全由你的意愿而行。

　　表面上看来，在职业事工或热忱的基督徒商业人士运作的活动中，所看到的是基督教意识形态直接反驳了类似 EST 哲学。对帕特里克或是像迈克·贺纳基这样的作家而言，唯有你个人须对自己的命运负责；对求职的基督徒而言，唯一要扛起责任的是上帝。贺纳基认可这样的冲突："过去当我表达这个信息时，有些人的反应很生气，说这样多少否认了上帝是万物的起源。"但他机警地看出解决的方法："假如你相信上帝是万物的起源，而这万物的起源和你站在同一边，通过你来运作，你就再也没有托言无助的借口了。"[6] 换句话说，祷告给予信徒的无限力量，和贺纳基运用其思想而得到的无限力量是一样的。它们表面上看起来似乎不同，但个人意志的无神论哲学和我所遇到的、受曲解的基督教义，都提供了对于全能的幻想空间。如果你可以通过自己的心志努力——只靠祷告或足够的专注——而成就任何事的话，就没有必要对抗形塑你生活的社会经济力量了。

假设这个过渡地带鼓励没有范围限制的讨论，那么谈论的话题会是什么？刚开始，大家可能会想提出现今企业界到底怎么了；尤其是，经验为什么看起来那么没有价值？成就所得到的报酬何以那么不可信赖？有些人可能会不同意"企业界"是个模糊的抽象概念，这个概念隐藏着一个具有丰富多样性的环境，但在我的求职同伴间，这个概念使用得很普遍，他们常常表达希望逃出"企业界"的想法——例如，去做小生意，或是他们认为比较有意义的工作形式。说到我想在企业界谋得一职，这似乎和许多求职同伴的想法相左，他们常常表达出想退出企业界的强烈欲望。

希拉里·迈斯特这么说："最近公司越来越冷漠了，那里已经不再有安定感，很多都和贪婪有关。"唐娜·优多维克附和她的意见说："现在的公司好冷血。没有警告、没有道谢，只有一句：'把你的东西收拾一下，明天不用来了。'"我所遇到的求职者，除了想念他们的薪水和福利外，没有人表达出怀念工作场合的同事情谊，也许是因为他们感受过的同事情谊太少了。我访谈过一个人，当她在最近这份工作中勉为其难地承认曾接受癌症治疗时，她感觉第二天就几乎烙上了要被炒鱿鱼的记号。

面试时，每个人都很友善；但在得知她的病情后，他们的行为开始让她的生活变成"人间炼狱"：

> 这实在是不可思议。他们好像在躲我。我觉得他们在找我犯的每一个小错误……他们没有让我上新人课程。他们不希望我要求回馈。

做过 IT 人力资源与销售的杰夫·克莱蒙特告诉我：

> 我对美国企业感到不满与愤恨，因为我看过太多为追求利润而不择手段的决策。安然或世界通信的案例只是冰山一角。我确实觉得因为道德观的关系，我才会丢掉上一份工作。实际上还有人问过我："你的价值观比你的薪水值钱吗？"他们认为你整日惹麻烦，那就回家去做你的美国大梦。

企业当然不能为员工提供一个完全稳定和成长的环境：生意可能失败、顾客品位可能改变、科技每天都在进步。换句话说，那块奶酪一直在移动中。但我们确实预期企业要提供就业机会，至少那是给予每一家企业减税、政府补助或放宽法规的根本目的。举例来说，最近的企业税收优惠是由美国就业机会创造法案（American Jobs Creation Act）所规范，名称是很吸引人，不过在鼓励创造就业机会上毫无建树。我们总是被告知，选举出来的官员娇惯企业是为了我们好，没有其他方式可以制造工作机会。

不过几十年前，创造就业机会的职责在企业界曾经是排序较高的当务之急。CEO 可能和董事会对立，坚持要留下员工而不是为了提高短期红利而裁员。美国银行（Bank of America）创始人的女儿克莱尔·詹尼尼（Claire Giannini）回想起那段"管理层主动降薪，以使基层员工得以留任"的日子，对她家族公司内现在庞大的裁员行动深感震惊。[7]一家企业在法律上或许被视为一个"个体"，但我们知道它包含了成百上千个实际的人——这也就是团体（corporate）一字作为企业（corporation）原始意义的由来。

有所缺损的就是企业的团体或集体这部分。有两种合法的赚钱途径：增加销售或削减开支。在多数案例中，企业运作的最高开销就是薪资支付，也因而使裁员成为诱人的选项。此外，很多投 CEO 所好的兼并与收购，在经济考量下无可避免地造成了裁员。"人事精简"可能多少都成了取悦股东的例行常规，而多亏了员工的认股选择权，现在的股东也包含层级很高的管理级人员。

高级管理阶层可能经由削减他人的工作机会，提升自己的薪水。这种趋势在 1990 年代中期很明显：大幅裁员的 CEO 们比那些没有裁员的 CEO 们待遇好很多。[8]过去几年来，外包让 CEO 们获得最大的报酬：服务性工作外包最多的 50 家美国公司，薪资增加的速度比其他没有外包的公司快了 5 倍。[9]

用很白话的生物学名词来说，企业已经成为内部掠食的场所，一个人可以靠削减他人的工作而得到升迁。约翰·米勒（John Mille）在他的商业建言书《QBQ！问题背后的问题》（*QBQ! The Question Behind the Question*）中引用了"一家财务机构里一位资深领导人"的话：

> 有时候会有人对我说："我不想冒险。"我告诉他们："你和我最好冒险一试，因为这栋大楼里现在大约有一打的人坐在电脑前，企图除去我们的工作。"[10]

还有管理顾问大卫·诺尔（David Noer）的观察：

> 过去组织把员工视为可培养与发展的长期资产，现在则把员工视为应当缩减的短期开销……他们认为人不过是种"东西"，是生产方程式里的一个变量，当盈亏数字不如所愿时，是可以丢弃的"东西"。[11]

这种达尔文式的竞争当然是有极限的。到了一定的时候，那些幸存者不管再怎么努力，都无法再承担被解雇者的工作。

所以失业者和岌岌可危的就业者可能会问的另一个问题就是：这是做生意的方式吗？公司和员工之间以相互忠诚为基础的"旧典范"已成往事，有些管理顾问一方面鼓励大家要接受这似乎无可避免的结果，另一方面还辩说，这种"瘦身"的趋势最终会破坏企业，因为那些精疲力竭、没有安全感的幸存劳工，将承担越来越多留下来的工作。

当失业者向外求助时，他们就进入了一个暗中操控的文化：一个我完全陌生的文化。我过去对另一种机构文化背景比较熟悉——学术界，因此我想象企业文化会和大学环境非常不同，例如比较不会浪费精力在传统形式或自我放纵的人格冲突上。当我开始接触企业界时，我预期会进入一个活泼的、合理的、没有废话的领域，几乎就像是军队，或至少像是有纪律的新式军队，专注于具体的结果上。否则，公司怎能在激烈的竞争下生存呢？但我所遇到的，是个被假设撕裂的文化，这些假设和以事实与逻辑为基础的假设无关（像是科学界和新闻界），这个文化热衷于未经检验的旧习，因服从规范而瘫痪，而且被迷思所贯穿。

当然，我从来没有正式被一家公司任用为一般员工，但我绝对有理由相信，潜入失业者所占据的过渡地带让我得以相当准确地瞥见其文化。首先，提供辅导课程的人、领导团体课程和推动社交活动的人，他们自己大都是企业界的老兵。此外，有些过渡企业不只服务失业者，同时也有企业界的客户，为在职管理人与其他专业人士提供咨询与激励课程。因此，过渡产业的意识形态和期望与一般的企业文化应该不会相差太远——而且我发现大部分都是让人不安的愚蠢文化。

举例来说，依赖没有实证性根据的人格测验，深信人类可被分成九种独特"人格类型"的假设，这些都和中古时代决定心情与健康的"性情"（"易怒的""坏脾气的"，诸如此类）概念相呼应。还有一种近乎灵数的命理信念，认为事情一旦被归类并计数过，那么一切就都阐明了，就像"7种习惯""4项能力""成功的64条法则"一样。列举细目在记忆上也许有用，但它们不是一种分析的工具；无论主题是化学或市场，它们对于阐明这个世界都没什么用处。

我所遇到的企业界最怪异的一面，或许是它不断强调"个性"和"态度"。在新闻界和学术界里，古怪或难以相处的人我都司空见惯，只要如期交稿或是学生掌握好主修科目，就没有人会抱怨。但是这条企业界的道路上，充满了提升或改善个人性格的警告。教练实施人格测验，而且谈到乐观与平易近人的重要性；网络和书上的建言都极力主张要彻底重新调整个人的态度；社交活动强调不断"提升"的必要性。其他的求职者都同意，成功有赖个人顺应周遭小众文化（microculture）的能力。就像希拉里·迈斯特所说的："假如他们找到一个和他们处得来、个性适合的人，他们就会喜欢他。在现今的面试中，来不来电比有没有技能更重要。"杰夫·克莱蒙特把成功归功于——

个性，你认识的人。假如老板热衷于高尔夫球，我们就应该都热衷于高尔夫球。假如他抽雪茄，我们也都要抽雪茄。假如他喝白兰地，我们也都必须喝白兰地。你终究会看到他严重的缺失，然后掌握到这些缺失的证据。然后，假如你抓到他们的小辫子，他们就会继续留用你。为求生存，你必须知道葬身之地。

个性和做好工作有什么关系？至少就工作表现而言，我仍然有自信自己会是个像金伯莉所说的"公关高手"。但我是否能够扮演好教练和专家所指示的那个必要角色呢？常见对于强调个性的合理解释是，现今企业界的人员很可能必须"团队"合作，而在团队中，一个人的举止行为和知识经验都同等重要。但即使做过这份性格测验（其依据是假设每个人的个性都不同），似乎还是只有一种个性受欢迎，就是永远兴高采烈、热忱有劲和顺从驯服的个性——这正是过渡产业培养出来的特点。你可能会认为，较高层级的管理者应该会有一些心胸，可以容纳那些偶尔工作上合不来的人，就像以前安然的杰弗里·斯基林（Jeffrey Skilling）和美国在线（AOL）的罗伯特·皮特曼（Robert Pittman）一样，但一般还是认为合宜才占优势。《金融时报》（*Financial Times*）最近有一篇文章指出，这些必备的人格特点甚至胜过聪明才智，而且在企业内各个阶层皆是如此。

想想看真正聪明的人有什么特色。他们会为自己着想。他们喜爱抽象的观念。他们可以冷眼旁观事实。诡计是他们的敌人。异议对他们来说易如反掌，复杂的事物也是。这些特质不只在多数行业的工作中是不需要的，在大公司要升迁时，这些特质实际上都成为阻碍。[12]

同一篇文章还提到一位资深职务的女士，在一次性格测验时透露"讽刺是我最喜欢的幽默形式之一"而受到指责。文中报道："她不会被炒鱿鱼，但公司的立场相当明白，除非她重新严正思考自己的幽默感，否则可能比较适合另谋高就。"从我的观点来看，这点更糟。

团体里每个人都具有相同的好性情、容易相处，而且不至于聪明到具威胁性，这实在是个很奇怪的团体。就我个人的团队项目经验，总是至少会有一个脾气不好或只会说风凉话的队员。事实上，就因为这个人的存在，其他人才需要具有企业界非常重视的"人际关系的技能"。此外，在企业理应努力"多元化"的年代——组织"多元化委员会"并雇用"多元化的专业人才"——禁止个性多元化似乎会造成反效果，只会阻碍像民族、性别、种族这些常见的多元化形式的成就。如果公司想要达到真正人口上的多元化，公司需要的人就是那些被认定对种族歧视过度敏感的非裔美国人，或是高喊反对性别歧视的女人。但这些人可能因为无法做一个充分顺从的"队员"，而有被解雇的危险。

尽管我有那些公认的性格缺失——讽刺，没耐心，可能还有聪明，但我确实严肃看待"团队合作"这个词语。我在求职信里总是强调企盼在一个"有朝气的团队"中协力合作，而且我很喜欢在长期努力"提升公司的品牌与形象"下与他人合作的同事情谊。我一直是以独立个体的身份在做"顾问"，现在我很热切地想要从寒冷的外界进到温暖的企业界中。我没有注意到的是，我的求职伙伴们本身曾是"队员"，这表示这些"团队"应该都非常脆弱。

谈了这么多做一个讨人喜欢的"队员"的必要性，其实很多人都在相当残酷的环境里工作，对那些具有可取特点的人来说，这似乎特别具有挑战性。兴高采烈、乐观愉快、顺应服从，这些都是部属的特质，是仆役而非主人，是女人（传统意义上）而非男人。管理大师哈维·麦凯建议读者克服因经常失业所造成的痛苦与消极，并努力保持永远乐观的看法，之后他很神秘地提道："最可亲、最忠诚和最顺从的员工，通常都是最容易被炒鱿鱼的人。"[13] 若照企业界的混乱情况来看，做一个可亲的人这种指示听起来就像当一只待宰的羔羊。

而且就在我写这本书时，标准又提升了。可亲与热忱已不足以使一个人的个性具吸引力；就在过去几个月中，我注意到大家对热情的要求越来越多。1979年写出畅销书《高效能人士的七个习惯》（*The 7 Habits of Highly Effective People*）的建言大师史蒂芬·柯维（Stephen Covey）在他另一本著作中提出"第八个习惯"，他解释说：

> 高效能……在今日的世界已不再是非强制性的选择——它是进入竞争场域的代价。在这个新的现实之中，要生存、繁荣、创新、超越和领先，都需要建立在高效能

上，并超越高效能。这个新纪元的号召与需求就是卓越。这是为了成就感、热情的执行力和重大的贡献。[14]

越来越多公司网站提出关于"热情"的主张，令人喘不过气。很多公司声称这是公司的特质和雇员的必要条件之一，就好像"假如你有热忱、创意、热情，想找一个意见会受到尊重的工作场所，到德尔飞公司（Delphi）来就对了"。凯文·克雷恩（Kevin Craine）在他的互联网商业评论"每周洞察"（Weekly Insight）中，建议商业人士要学得"……热情。你必须相信自己的策略，并对它有热情。"《今日美国》（USA Today）评述：

> 下一代制胜的公司，会是那些用情感、理智、创意和热情来工作的员工的公司，这是广被接受的事实。[15]

精力与奉献已经是上个世纪的事了；在 21 世纪，你必须要感受到一种和浪漫爱情一样强烈的情感动力，或至少表达出来。不过，柯维提醒我们，在我们为这个可能性神魂颠倒之前，适当程度的热情有时是需要被强迫鞭策出来的。你如何在公司实现"一个团结、有向心力的文化"？他回答："引发痛苦。如果人人都满足、快乐，他们就不会做太多的努力。你不希望等到市场引发你的痛苦后才来补救，所以你就必须用其他的方式来引发痛苦。"[16]

这个对"热情"的新主张，标志着企业帝国更进一步扩展至其下属的时间与精神。以前预期白领阶层人士必须具备休闲爱好；实际上，面试时若不列举一项爱好是很奇怪的，即使只是阅读或打桥牌都好。不过，人们却不预期现今"热情"的员工有时间或精力去追求这种不重要的爱好；他们随时待命、放弃休假、开夜车、全力以赴，身心负荷达到极限。科学家、作家和竞选者有时候也是这样，但不是连续好几年都如此，而且不是为了千变万化的目标而努力。

就是这种白领阶层工作的不安定感，使得对热情的要求显得如此残酷和不合常理。你或许可以对一份工作假装有热情，或甚至感觉到热情，但下一份工作呢？再下一份呢？在被裁员后重新出发，而且以热情的承诺重整心境，一而再，再而三——这个工作是给专业演员的，或是给一个已经无法自然表露情感的人。

其他的白领阶层职业团体——医生、律师、教师和大学教授，都比较能够为自己安排自主与安定的生活。他们自 20 世纪初以来，采取的主要策略就是专业化：对这些职业树立严格的屏障，由法律的力量和类似美国医学协会（American Medical Association）这种专业组织的势力作为后盾。[17]像是没有完整的教育和执照就不可以开业行医，而医生或教授也不会无缘无故被开除。就这种专业化的策略而言，有些职业还增加了由职业协会提供的进一步保护：教师、大学教授、新闻从业者，甚至还有一些医生，都像炼钢工人或矿工一样，联合起来对抗专断独裁的雇主，以保护自己。

另一方面，"商业专业"只是一种礼貌性的称呼。例如，管理课程在相当晚近才成为大学的课程；而且，虽然MBA（工商管理学硕士）在过去20年来是成长最快的研究生学位，但直到今天，它仍不是管理职位的必要条件。[18] 先前有一个电视广告甚至嘲弄MBA是自大且自以为无所不知的年轻人，但面对影印机时却很无助。在这些"商业专业"中，只有会计具有传统的职业品质保证：法定的必备养成教育，执照，和受到认证的知识体系。至于管理、人际关系、销售和公关方面，任何像我一样有大学学历的人，都可以说自己是有潜力的从业者。这种公开的情形对业界老兵而言，就形成了很大的弱点：没有透明化的方式来评鉴他们的表现，也不能保护他们免于任意开除的命运。

但比起白领企业劳工缺少的工作安定感，还有更重要的东西，那就是尊严。医生出卖自己的技能与劳力；实际上，蓝领或女性劳工也是如此。卡车卸货的仓储工人和设计造桥的工程师一样，都可以合理地预期他们的工作牵涉到劳力与工资的直接交换。正如我在新泽西招聘会上遇到的年轻临时工所说的："只要给我一份工作，我就会把它做好。"然而对白领阶层的企业员工来说可不是这样，不只是技能和卖力工作而已，他们还必须出卖自己。他们也许穿着一套"权力西装"，看不起在他之下更卑微的广大劳工，但是比起劳工或店员，他或她面对的是更具侵略性的心理索求。他们的世界充满了阴谋诡计与定义不明的期望，还有操控与心理战，而自我表达（也就是"个性"和"态度"）往往比工作表现还重要。

白领劳工之所以无法联合起来保护自己，对抗专断独裁的雇主，通常都要归咎于个人主义——或是过于相信美国文化里能者居之的理论。但是医生、新闻工作者，甚至许多蓝领劳工，并没有比较不相信个人主义里的能者居之理论。让白领劳工与众不同、变得那么脆弱的原因是，他们必须绝对地、毫无保留地认同他们的雇主。医生或科学家认同的是他们的职业，而不是目前雇用他们的医院或实验室，但白领阶层的职员则预期要对目前坐在"C字辈高级管理人办公室"里的人表达完全的忠诚。我那"危机管理"课程的指导员吉姆·卢卡泽斯基就说得很清楚：CEO也许是个呆子，公司的行为或许临近犯罪边缘——你仍然必须毫无保留地奉献，毋庸置疑。不幸的是，正如白领劳工被裁员的庞大数目所显示，这种忠诚所得到的报答并不可靠。

所以失业者继续漂流在他们黯淡的世界中，进行网络求职、寂寞的社交活动，以及昂贵的辅导课程。可悲的是，他们其实还有更多的事情可以做。最明显的目标，就是游说要求具体改善失业者和焦急在职者的生活。而当务之急应该是把目前的失业福利扩充到比较接近北欧国家的程度，提供可能长达数年的各种福利。假如美国劳工有个可以依靠的安全后盾，那么有关外包的整体辩论就会相当不同，或许比较不带本土主义色彩的论调。但现在的状况是，公司要求一个 IT 人才训练印度接班人来取代自己——这种侮辱已不算罕见——那还不如干脆去挖自己的坟墓算了。

几乎同样迫切的需求是一套完全和工作无关的全民健康保险系统。当人们一生中有可能只做三或四份工作时，把健康保险交给雇主就比较合乎情理；但是当一生换工作的次数上升到两位数时，由雇主提供的保险就会导致长期没有保障——特别是对中年人来说，"以前的健康状况"可能会使他们资格不符，无法从更进一步的个人健康保险中到保障。而且，健康保险的成本已经成为开创就业机会的主要障碍；公司宁愿走外包路线或雇用没有福利的临时工，也不愿负担员工的健康保险费用。在所有的职业阶层里，美国总共有 800 万的失业人口，假如这些人发起一场公开支持全民健康保险的具体活动，想想看造成的影响会有多么大。

如果扩展福利在当前的政治局势下似乎不太可行，甚或只是空想，还有自卫权利的立即挑战。在许多战线上，美国的中产阶级正受到前所未有的攻击。例如，2005 年的联邦破产法案，排除了负债累累的个人东山再起的可能性，导致越来越多的失业者和未充分就业者埋葬在劳役偿债的生活中。同时，逐步上涨的大学学费也威胁到他们的子女无法从事白领阶层工作。而且就在公司的退休金消失时，总统还大力推动去除社会福利。再也没有比失业者更适合，或更有动机来领导中产阶级的防卫运动——假若他们能够认清共同的利益，并形成政治势力展开行动。

　　首先，他们有的是时间——不是无尽的时间，因为求职的确需要一些持续性的努力，但相对于在职场上一周要工作 60 个小时以上的人而言，他们的时间就多出太多了。很多案例中，他们也具有蓝领阶层失业者所没有的技能：行政与电脑相关的经验，或许还有拟定计划或策略及执行的能力。而且，在现存的中产阶级代表衰退之时，他们当然会有动机。如果有任何人能够为美国梦的消失做可靠见证的话，那就是失业白领——"按部就班""凡事做对"的那些人，结果还是沦落到衰败的地步。

　　是的，需要在态度上改变、心理上转换，才能从孤独的绝望中跃到集体的行动上。但这不是职业教练心中想象的那种转变。失业者与焦急的在职者所需要的，并不是"好感度"，而是真正有能力向外接触他人，并招募他们合作一项计划，理想中最好包括极具异质性的一群人，像在较低阶层、有长期压力的劳工。他们所需要的也不是"必胜的态度"，而是一种更深远、更古老的素养，一个在我求职过程中从未听人提过的特质，那就是勇气：尽管无胜算，还是团结在一起，为改变而努力的勇气。

致 谢

Acknowledgements

我要感谢 Diane Alexander、Leah Gray 以及 Kelley Walker 在研究上给予无比珍贵的协助。Diane Alexander、Shakoor Aljuwani、Rosa Brooks、Ben Ehrenreich 和 Frances Fox Piven 帮我读了前期草稿,并提供非常有用的评语。Jared Bernstein、Heather Boushey、Corinne Coen、John Ehrenreich、Doug Henwood、Ken Hudson、Robert Jackall 和 Jerry M. Newman 在我撰写此书的过程中,回答了我各式各样的问题。Arlie Hochschild 和我的经纪人 Kris Dahl 花了很多时间,处理我的研究所带来的各种困难。最后,我要向 Metropolitan Books 团队表达我的感激之情;感谢 John Sterling 的细心阅读,感谢 Riva Hocherman 精彩的建议,然后,特别感谢我杰出的编辑 Sara Bershtel。

注 释

序章

1 要深入了解和我相隔甚远的文化与时代，小说是我最喜欢的资讯来源，但这次小说帮不上忙。1950、1960 年代出现过几部有关白领生活的长篇小说，相当引人入胜，包括理查德·耶茨（Richard Yates）的《革命之路》（*Revolutionary Road*）和斯隆·威尔逊（Sloan Wilson）的《穿灰色法兰绒套装的男人》（*The Man in the Gray Flannel Suit*），但近年的长篇小说和电影，除了把白领工作当作偷情的故事背景，生活细节往往未加着墨。

2. 根据美国劳工统计局（Bureau of Labor Statistics）的统计，女性失业率只比男性失业率多了一点：6.1% 比 5.7%，而白人女性的失业率大约是黑人女性的一半（www.bls.gov）。

3. Jonathan Mahler, "Commute to Nowhere", *New York Times Magazine*, April 13, 2003.

4. 有两本书特别启发我：吉尔·弗雷泽（Jill Andresky Fraser）的《白领血汗工厂》（*White Collar Sweatshop: The Deterioration of Work and Its Rewards in Corporate America*. New York: Norton, 2001.）和理查德·桑内特（Richard Sennett）的《职场启示录》（*The Corrosion of Character: The Personal Consequences of Work in the New Capitalism*. New York: Norton, 1998.）

5. Harvey Mackay, *We Got Fired! And It's the Best Thing That Ever Happened to Us*, New York: Ballantine, 2004, p.94.

6. Fraser, *White Collar Sweatshop*, p.23.

7. Fraser, *White Collar Sweatshop*, p.158.

8. John Leland, "For Unemployed, Wait for New Work Grows Longer", *New York Times*, January 9, 2005.

9. Katherine S. Newman, *Falling from Grace: Downward Mobility in the Age of Affluence*, Berkeley: University of California Press, 1999. G. J. Meyer, *Executive Blues*. New York: Franklin Square Press, 1995. 后者是一部可读性很高的第一人称记录。

第1章　绿野寻师踪

1. Daniel C. Feldman, "Career Coaching: What HR Professionals Need to Know", *Human Resources Planning* 24:2(2001), p.26. 职业辅导学院和职业辅导协会（Career Coach Institute）的代表向我保证，即使经济提升，对于职业辅导产业也不会造成威胁。因为企业界经常雇用教练来激励员工，雇员本人在看到"麻烦征兆"时，也常常会向相同的教练求助。有些教练以个人身份从业，有些则隶属于公司，为求职者有偿提供办公空间与设备。

2. Stratford Sherman & Alyssa Freas, "The Wild West of Executive Coaching", *Harvard Business Review*, November 2004. 虽然该文主要讨论的是针对管理层的辅导，而不是职业辅导，但许多职业教练两者都做；而且缺乏认证和管理的情形，同样也适用于一般的职业辅导上。

3. 企业界无法正确使用语言的情况，已是现今公认的问题，有些公司还付费让他们的管理层上写作课程。Sam Dillon, "What Corporate America Cannot Build: A Sentence", *New York Times*, December 7, 2004.

4. Annie Murphy Paul, *The Cult of Personality: How Personality Tests Are Leading Us to Miseducate Our Children, Mismanage Our Companies, and Misunderstand Ourselves*. New York: Free Press, 2004, p. 125.

5. Paul, *The Cult of Personality*, pp. 133-134.

6. Paul, *The Cult of Personality*, p. 130.

第2章　踏进关系网络的世界

1. Mackay, *We Got Fired!*, p. 56.

2. 一段失业的时间很可能也会损害到一个人的信用评级。在一种残忍的荒谬两难下，会把信用调查作为一项雇用条件的美国公司，自 1996 年的 19% 增加到如今的 35%——使人更难在艰难时期后卷土重来。参见 Marie Szaniszlo, "Employers Turning to a New Kind of Ref Check", *Boston Herald*, December 12, 2004.

3. Claudia Wallis, "The Case for Staying Home", *Time*, March 22, 2004.

4. Robert Jackall, *Moral Mazes: The World of Corporate Managers*, New York: Oxford University Press, 1988, p. 47.

5. Jeffrey J. Fox, *Don't Send a Resume: And Other Contrarian Rules to Help Land a Great Job*, New York: Hyperion, 2001, p. 5.

第3章　训练营余生

1. Mike Hernacki, *The Ultimate Secret to Getting Absolutely Everything You Want*, New York: Berkley, 2001, pp. xii, 47.

2. Hernacki, *The Ultimate Secret*, pp. 90, 95.

3. 从亚特兰大求职网转寄给会员的信里，还有另一个图解，显示把我们的欲望和成就联结起来的是磁力："深受推崇的神经心理学卡尔·普里布拉姆（Karl Pribram）博士发现，'吸引力法则'（law of attraction）确实存在，并且在每个人的心里运作。任何视觉意象若将所有的细节都想象得很详尽，会产生一个能量场，开始把符合那个意象的人、想法、事物，甚至环境，都吸引到你的生活中。假如你想象的是一个正面的结果，你就开始运用一股强大的磁力，把向往的目标或结果都引入现实。"

4. Bruce I. Doyle III, *Before You Think Another Thought*, Winter Park, FL: Rare Shares Ltd., 1994, pp. 18, 19, 48.

5. Bruce I. Doyle III, *Before You Think Another Thought*, p. 67.

第4章　改头换面

1. Jackall, *Moral Mazes*, p. 59.

2. Andrea R. Nierenberg, *Nonstop Networking: How to Improve Your Life, Luck, and Career*, Sterling, VA: Capital Books, 2002, pp. 77, 78–79.

3. Andrea R. Nierenberg, *Nonstop Networking*, p. 18.

4. 退休金已经成为过去式了。1979 年，美国超过 80% 的工人退休时，都有一份固定收益的退休金；到了 2001 年，只有比 40% 多一点的人享有同样的退休金。（Eduardo Porter and Mary Williams Walsh, "Retirement Turns into a Rest Stop as Pensions and Benefits Dwindle", *New York Times*, February 9, 2005.）

5. Jackall, *Moral Mazes*, p. 47.

6. John Molloy, *New Women's Dress for Success*. New York: Warner Books, 1996, p. 16.

7. John Molloy, *New Women's Dress for Success*, p. 43.

8. Molloy, *New Women's Dress for Success*, p. 175.

9. 1992 年,《华盛顿邮报》引述哥伦比亚大学研究性别角色的心理学教授哈维·霍恩斯坦（Harvey Hornstein）的话："对女人来说，这让她们左右为难、进退失据。假如她们穿得很'女性化'，男人就不认为她们可以胜任这份工作；假如女人不去扮演陈规的刻板角色，那么男人就会抱怨她们不够'女性化'。"（Amanda Spake, "Dressing for Power", *Washington Post*, January 5, 1992.）

10. 玛莎·克拉克（Marcia Clark）是辛普森杀妻案的检察官，受到类似的评断。根据《芝加哥论坛报》的报道："自从一个陪审团顾问组成的团体批评她的外表和表现风格后，克拉克就改变了她那高度成功的造型。她改变她的发型、穿着和个人风格，变得比较柔和、更女性化、更温和也更开放——简而言之，比较不像那个盛气凌人的审讯律师，反而比较像是刻板印象中的女人。"（Cynthia Grant Bowman, "Fashion Weighs in on Simpson Case", *Chicago Tribune*, October 30, 1994.）

11. Fox, *Don't Send a Resume*, pp. 33–35.

12. Sennett, *The Corrosion of Character*, p. 22.

第5章　和上帝攀关系

1. Russell Shorto, "Faith at Work", *New York Times Magazine*, October 31, 2004.

2. David Cho, "A Pastor with a Drive to Convert: McLean Sanctuary Opens with Grander Plans", *Washington Post*, June 27, 2004.

3. Sennett, *The Corrosion of Character*, p. 30.

4. 桑内特研究被裁的 IBM 员工，他们容易退出公民活动，同时变得愈发投入教会活动。有人告诉桑内特："当我在基督里重生的时候，我变得越来越能够接受现实，越来越不再反抗。"（*The Corrosion of Character*, p. 130）在近来的自助书籍中，基督徒受到鼓励，要把职场看成是一个"见证"、改变宗教信仰，不然就是提升其宗教目标的地方。例如，金·哈克尼（Kim Hackney）所着《谢天谢地，今天是周一》（*Thank God It's Monday: Celebrating Your Purpose at Work*），在 www.praize. com 广告上，提出这些方面的建议："在职场活出你的使命"，"改变对'例行苦差'的态度，在工作中找到满足与喜乐。"

第6章　胸怀远志

1. Meyer, *Executive Blues*, p. 34.

2. Lisa Belkin, "No Yes; No No; No Answer at All", *New York Times*, June 6, 2004.

第7章 "工作"上门了

1. Arne L. Kallenberg, Barbara F. Reskin, and Ken Hudson, "Bad Jobs in America: Standard and Nonstandard Employment Relations and Job Quality in the United States", *American Sociological Review*, 65: 1 (2000), pp. 256–278.

2. 引自 www.francorp.com。法兰公司（Francorp）宣称自己："居于连锁企业发展与顾问的领导地位。"

3. Peter M. Birkeland, *Franchising Dreams: The Lure of Entrepreneurship in America*, Chicago: University of Chicago Press. 2002, pp. 1–2, 31, 115.

4. Kris Hundely, "Get-Fleeced-Quick", *St. Petersburg Times*, April 12, 2004.

5. Susan B. Garland, "So Glad You Could Come. Can I Sell You Anything?" *New York Times*, December 19, 2004.

6. 网站公布招聘会举办的时间、地点时，通常都会提供"与会"的公司名单。

第8章 向下流动

1. 除了校园招聘会是为即将毕业的大学生所办的以外，多数的招聘会都是像 JobExpo 这样的公司来安排。

2. 索迪斯公司在 1990 年代后期，因为在私人营利的监狱投资，而成为第一家受到校园社运分子攻击的目标。2003 年，在该公司被控有实施种族主义管理的倾向后，学生们在一些大学校园里再度发起"停用索迪斯"运动。

3. Kate Zernike, "The Reach of War: Contractors", *New York Times*, June 10, 2004.

4. Leland, "For Unemployed, Wait for New Work Grows Longer".

5. Newman, *Falling From Grace*, p. 10.

6. Sennett, *The Corrosion of Character*, p. 94.

结 语

1. 麦尔提到一位朋友在出版社的工作已经走到死胡同，显然是因为他具有英语硕士学位，而且曾经教过好几年书："就因为这样，他始终无法融入那个圈子。"

2. Newman, *Falling from Grace*, p. 65.

3. Porter and Walsh, "Retirement Turns into a Rest Stop as Pensions and Benefits Dwindle", *New York Times*, February 9, 2005.

4. Jackall, *Moral Mazes*, p. 41.

5. 有一个例外是在华盛顿"40+ 俱乐部"的一次聚会里，有人提到失业保险迫切需要改变，不过没有人提出任何具体的行动。

6. Hernacki, *The Ultimate Secret to Getting Absolutely Everything You Want*, pp. 55–56.

7. Alan Downs, *Corporate Executions: The Ugly Truth About Layoffs—How Corporate Greed Is Shattering Lives, Companies, and Communities*. New York: AHACOM, 1995, p. 31.

8. Downs, *Corporate Executions*, p. 28.

9. John Cavanagh, Sarah Anderson, Chris Hartman, Scott Klinger, and Stacy Chan, *Executive Excess 2004: Campaign Contributions, Outsourcing, Unexpensed Stock Options, and Rising CEO Pay*. 参见 www.faireconomy.org.

10. John G. Miller, *QBQ! The Question Behind the Question: What to Really Ask Yourself to Eliminate Blame, Complaining, and Procrastination*. New York: G. P. Putnam's Sons, 2004.

11. David Noer, *Healing the Wounds: Overcoming the Trauma of Layoffs and Revitalizing Downsized Organizations*. San Francisco: Jossey-Bass, 1993, p. 17.

12. Lucy Kellaway, "Companies Don't Need Brainy People", *Financial Times*, November 22, 2004.

13. Mackay, *We Got Fired!* p. 105.

14. Stephen R. Covey, *The Eighth Habit: From Effectiveness to Greatness*, New York: Free Press, 2004, p. 4.

15. Del Jones, "Best Friends Good for Business", *USA Today*, December 1, 2004.

16. 同上。

17. 专业化不完全是一种进步的发展。正如我在《坠落的恐惧：中产阶级的生活内幕》（*Fear of Falling: The Inner Life of the Middle Class*, New York: Pantheon, 1989）的辩言，进入医学界这个"模范职业"的教育要求，大部分都把女性、少数民族和较低阶层的人摒除在外。

18. Rakesh Khurana, Nitin Nohria, and Daniel Penrice, "Is Business Management a Profession?" SearchCIO.com, February 22, 2005.